법구경

마음에게 말을 걸다

윤창화 옮김

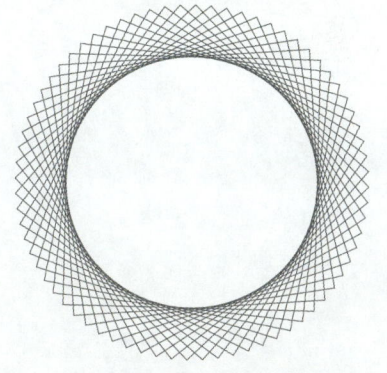

마음을 다독이고 싶을 때,
붓다의 말 한마디가 나를 안아줍니다.

민족사

우리는 미래에 대한 두려움과 불안, 그리고
언젠가 다가올 죽음이라는 불변의 진리와 마주하며
사색과 고뇌 속에서 살아간다.
그러나 여기, 붓다의 지혜가 담긴 《법구경》이 있다.
이 경전 속에는 '불사不死의 길'
'영원의 길'이 펼쳐져 있다.

하루에 한 구절씩, 당신의 마음에 말을 걸어보세요.
기쁠 때도, 슬플 때도,
길을 잃었다고
느낄 때도—
붓다의 말씀이 당신의 마음에
조용히 다가갈 것입니다.

차례

옮기고 엮으며 | 법구경의 미학 295

마음에게 말을 걸다 법구경

제1장 | 마음이 만든 세상
【쌍서품雙敘品】 014

제2장 | 게으르면 죽고 노력하면 산다
【방일품放逸品】 028

제3장 | 흔들리는 마음, 갈대 같은 나
【심의품心意品】 036

제4장 | 말은 꽃, 행동은 향기
【화향품華香品】 044

제5장 | 어리석음과 멀어지기
【우암품愚闇品】 054

제6장 | 지혜는 어둠을 걷는다
【현철품賢哲品】 064

제7장 | 깨달음은 자유의 열쇠
【아라한품阿羅漢品】 074

제8장 | 마음을 살리는 한마디
【술천품述千品】 082

제9장 | 악은 스스로를 해친다
【악행품惡行品】 092

제10장 | 폭력은 화살, 자비는 방패
【도장품刀杖品】 102

제11장 | 나이 들수록 지혜롭게
【노모품老耄品】 112

제12장 | 나를 다스리는 힘
【기신품己身品】 120

제13장 | 욕망은 허무로 이끈다
【세속품世俗品】 128

제14장 | 붓다는 길을 밝히는 별
【불타품佛陀品】 136

제15장 | 진짜 행복은 욕심 없는 마음
【안락품安樂品】 152

제16장 | 욕망의 끝에서 비로소 자유
【애호품愛好品】 160

제17장 | 분노는 나를 태운다
【분노품忿怒品】 168

제18장 | 마음의 먼지, 고요히 닦기
【진구품塵垢品】 178

제19장 | 깨어 있는 지금이 자유
【주법품住法品】 192

제20장 | 길 위에서 존재를 묻다
【도행품道行品】 204

제21장 | 지혜로운 말, 공허한 말
【광연품廣衍品】 216

제22장 | 탐욕은 지옥의 문
【지옥품地獄品】 228

제23장 | 코끼리처럼, 묵묵히 나아가라
【상유품象喩品】 238

제24장 | 애욕은 달콤한 독
【애욕품愛欲品】 248

제25장 | 수행의 끝, 열반의 문
【비구품比丘品】 264

제26장 | 고귀함은 마음에서 온다
【바라문품婆羅門品】 278

【 雙敘品/쌍서품 】

마음이
세상을
창조한다

1

마음이 만든 세상

<u>01</u>

모든 것은 마음에서 비롯됩니다.
세상의 모든 것은
이 마음이 만들어 갑니다.
나쁜 마음으로 말하거나 행동하면
그 끝에는 고통이 따릅니다.
마치 수레바퀴가
소의 발자국을 따라가듯이.

마음에게 말을 걸다 법구경

02

모든 것은 마음에서 시작됩니다.
세상 모든 것은
이 마음이 만들어 갑니다.
착한 마음으로 말하거나 행동하면
행복과 기쁨이 따라올 것입니다.
마치 그림자가
물체를 따르듯이.

03

그는 나를 욕했습니다.
그는 나를 때렸습니다.
그는 나를 이겼습니다.
그는 나의 것을 빼앗아갔습니다.
이렇게 생각하고 있는 사람은
결코 원망의 사슬에서 벗어날 수 없습니다.

04

그는 나를 욕했습니다.
그는 나를 때렸습니다.
그는 나를 이겼습니다.
그는 나의 것을 빼앗아갔습니다.
그러나 이렇게 생각하지 않는 사람은
증오의 사슬에서 벗어나게 될 것입니다.

마음에게 말을 걸다 법구경

05

원망은 원망으로
사라지지 않습니다.
오직 사랑만이
매듭을 풀어낼 수 있습니다.
이것은 영원히 변치 않는 진리입니다.

06

우리는 언젠가
죽음과 마주하게 됩니다.
하지만 많은 사람들은
그 사실을 잊고 살아갑니다.
만약 죽음을 깊이 깨닫는다면
굳이 다툴 이유도 사라질 것입니다.

07

감각*에 이끌리고,
육체의 욕망을 절제하지 못하며,
음식을 탐하고,
게으름에 빠진 사람은
욕망에 휘둘려
쉽게 무너지고 맙니다.
마치 거센 바람이
나무를 쓰러뜨리듯,
악마**는 그를 쉽게 정복합니다.

- 감각기관 : 여섯 가지 기관으로 육근六根이라고 하며, 눈(眼)·귀(耳)·코(鼻)·혀(舌)·몸(身)·의식(意)을 말한다.
- 악마 : 욕망

08

그러나 욕망을 끊고,
감각을 다스리며,
절제 속에서 부지런히 정진하는 사람은
그 어떤 유혹에도
흔들리지 않을 것입니다.
마치 큰 바위산이
거센 태풍에도 끄떡없듯이,
악마는 그를 정복하지 못할 것입니다.

09

스스로를 절제하지 못하고,
진리에서 멀어지며,
번뇌와 욕망을
버리지 못한 사람은
수행자의 옷을 입을 자격이 없습니다.

10

그러나
번뇌에서 벗어나고,
계율을 지키며 절제하고,
스스로를 잘 다스리는 사람은
수행자의 옷을 입을 자격이 있습니다.

11

거짓을 진실이라 여기고,
진실을 거짓이라 여기는 사람은
그릇된 생각에 빠진 것입니다.
그는 끝내 진리에 이르지 못할 것입니다.

12

그러나
거짓을 거짓으로 보고,
진실을 진실로 보는
올바른 눈을 가진 사람은
마침내 진리에 도달하게 될 것입니다.

<u>13</u>

지붕이 허술하면
빗물이 스며들듯이,
마음을 잘 닦지 않으면,
그 틈으로 탐욕이 파고듭니다.

<u>14</u>

그러나
지붕이 단단하면
빗물이 스며들지 못하듯이,
마음을 잘 닦으면
탐욕이 파고들 수 없습니다.

15

나쁜 일을 저지른 사람은
이 세상에서도 괴롭고,
저 세상에서도 괴롭습니다.
그는 자신의 행동을 돌아볼 때마다
후회 속에서 깊이 괴로워할 것입니다.

16

좋은 일을 한 사람은
이 세상에서도 기쁘고,
저 세상에서도 기쁩니다.
그는 자신의 선행을 돌아볼 때마다
행복이 마음속에 가득할 것입니다.

17

나쁜 일을 한 사람은
이 세상에서도 괴롭고,
저 세상에서도 괴롭습니다.
그는 자신의 악행을 탄식하며,
나쁜 곳에 떨어져 큰 고통을 받게 됩니다.

18

그러나
좋은 일을 한 사람은
이 세상에서도 기쁘고,
저 세상에서도 기쁩니다.
그는 자신의 선행을 기뻐하며,
좋은 곳에서 행복을 누립니다.

19

아무리 경전에 해박해도
올바르게 수행하지 않는다면,
남의 소를 세는 목동과 같을 뿐,
진정한 수행자라 할 수 없습니다.

20

비록 경전에 해박하지 않더라도,
마음이 맑고,
가르침을 실천하며,
탐욕과 증오, 무지를 버리고
어디에도 얽매이지 않는 사람,
그가 바로 진정한 수행자입니다.

【 放逸品/방일품 】

게으름은
네 인생을 썩게 하고
노력은
너를 다시 일으킨다

2

게으르면 죽고 노력하면 산다

21

노력은 불사不死로 가는 길이고,
게으름은 죽음으로 가는 길입니다.
그러므로 방일하지 말고,
부지런히 정진하세요.
방일은 곧 죽음의 길입니다.

22

지혜로운 사람은
깊이 이 이치를 깨달아
방일하지 않습니다.
항상 부지런히 정진하며,
진리의 길을 향해 걸어갑니다.

23

지혜로운 사람은
깊이 생각하고,
쉬지 않고 정진합니다.
그리하여 마침내
속박에서 벗어나
평온한 세계, 니르바나•에 이릅니다.

24

스스로를 다스리며,
방일하지 않고
부지런히 노력하는 사람,
말과 행동이 깨끗한 그는
진리대로 살아가는 사람입니다.
그의 명성은 저절로 빛날 것입니다.

• 니르바나nirvana : '니르'는 끄다, '바나'는 불을 뜻한다. 욕망의 불, 번뇌의 불이 모두 꺼진 상태. 마음이 평온한 상태, 깨달은 세계, 즉 완전한 행복을 뜻한다. 그 밖에도 여러 가지로 표현할 수 있다. 한자로는 열반涅槃이라고 표기한다.

25

부지런히 노력하고
자신을 절제하는 지혜로운 사람은
단단한 섬을 만듭니다.
큰 홍수에도 무너지지 않는
견고하고 단단한 섬을.

26

어리석은 사람은
게으름에 빠져
하루하루를 보내지만,
현명한 사람은
방심하지 않고 항상 노력합니다.

27

게으르지 마십시오.
육체적 쾌락에 빠지지 마십시오.
부지런히 명상하며
깨어 있는 사람은
마침내 니르바나에 이르게 됩니다.

28

지혜로운 사람은
항상 노력하기 때문에,
근심할 일이 없습니다.
그는 저 높은 곳에 올라
지혜의 눈으로 어리석은 세상을 바라봅니다.

29

지혜로운 사람은
언제나 노력합니다.
게으른 이들 속에서도 부지런하고,
잠든 이들 속에서도 홀로 깨어 있습니다.
그는 천리마처럼,
모든 이들을 앞질러
빠르게 진리를 향해 나아갑니다.

30

제석천,• 인드라•• 신은
부지런히 노력하여
신들 가운데 왕이 되었습니다.
부지런하면 즐거움이 따르고,
게으르면 괴로움이 따릅니다.

- • 제석천 : 불교 수호신 중 하나. 산스끄리뜨어로는 샤크라.
- •• 인드라 : 인도의 힌두신화에서 날씨와 전쟁을 관장하는 신. 제석천으로도 불림.

31

부지런히 수행하는 사람은
게으름을 멀리합니다.
그는 맹렬한 불처럼
번뇌와 속박을 태워버립니다.

32

부지런히 수행하는 사람은
게으름을 멀리합니다.
그는 묵묵히 정진하여
마음이 평온한 세계,
니르바나에 이르렀습니다.
그리고 흔들림 없이
그 길을 계속 가고 있습니다.

【 心意品/심의품 】

마음을
다스리는 자는
세상을
지배한다

3

흔들리는 마음, 갈대 같은 나

33

마음은 흔들리기 쉽고,
변덕스러워 예측할 수 없습니다.
그러나 지혜로운 사람은
마치 화살 장인이 화살을 곧게 하듯,
자신의 마음을 잘 다스립니다.

34

지금 그대는
악마의 그물에서
벗어나기 위해
필사적으로 몸부림치고 있습니다.
마치 땅바닥에 내던져진 물고기처럼.

35

마음은 끝없이
욕망을 좇습니다.
참으로 다스리기 어렵지만,
현명한 사람은
결국 자신의 마음을 잘 다스립니다.

36

마음은 욕망을 따라
어디든지 흘러갑니다.
실체가 없어 잡을 수도,
볼 수도 없으며,
어디로 향하는지도 알 수 없습니다.
그러나 지혜로운 사람은
자신의 마음을 잘 다스립니다.

37

마음은 어디든지 갈 수 있습니다.
멀리든 가까이든, 어디든지.
또한 마음은 형체가 없습니다.
그러나 이 마음을 잘 다스리는 사람은
영원히 악마의 그물에서 벗어날 수 있습니다.

38

마음이 안정되지 않고,
믿음이 확고하지 않으며,
바른 가르침을 알지 못하는 사람은
결코 지혜를 이루지 못합니다.

39

마음이 탐욕과 미움, 증오,
그리고 어리석음에서 벗어난 사람,
선과 악을 초월한
깨어 있는 사람에게는
어떤 두려움도 존재하지 않습니다.

40

이 몸은 물병처럼
깨지기 쉽습니다.
그러나 마음을 성곽처럼 굳게 하고,
지혜의 칼로 악마를 물리치십시오.
그리고 정복한 후에는 잘 지켜야 합니다.

41

머지않아 이 육체는
땅속으로 사라질 것입니다.
정신이 육체를 떠나면,
썩은 나무토막처럼,
앙상한 뼈만 남게 될 것입니다.

42

적이나 원수보다도 더
스스로를 해치는 것은
바로 사악한 마음입니다.
그 마음이 악업을 짓게 만듭니다.

43

악을 끊고 선을 실천하십시오.
선은 가장 큰 공덕을 쌓는 길입니다.
그러나 그 누구도 대신해 줄 수 없습니다.
부모도, 친척도, 그 누구도.
선은 오직 스스로 실천해야 합니다.

【 華香品/화향품 】

실천 없는 말은
향기 없는
꽃과 같다

4

말은 꽃, 행동은 향기

44

누가 이 세상을,
누가 이 지옥과 천상을,
누가 죽음의 세계를 정복할 수 있을까?
누가 이 진리를 잘 알고
잘 분별하며 잘 설하고
잘 전할 수 있을까?
마치 꽃집 주인이 꽃을 엮어 화환을 만들 듯.

45

참된 수행자는
이 세상과 천상과 지옥,
그리고 죽음의 세계를 정복할 수 있습니다.
붓다가 설한 진리를 잘 알고
잘 분별하며, 잘 설하고,
잘 전할 수 있을 것입니다.
마치 꽃집 주인이 꽃을 엮어 화환을 만들 듯.

46

이 몸은
아지랑이와 물거품처럼,
덧없고 허망한 존재입니다.
그것을 깨닫는 사람은
악마의 꽃 화살을 꺾어버립니다.
그에게는 죽음의 신조차 다가올 수 없습니다.

47

아름다운 꽃을 따는 데
정신이 팔린 사람에게
어느 날 갑자기 죽음의 신이 들이닥칩니다.
마치 홍수가 곤히 잠든 마을을
순식간에 휩쓸고 가듯이.

48

쾌락의 꽃을 따 모으는 데
정신이 팔린 사람은
욕망이 채워지기도 전에
죽음의 신에게 쉽게 정복당합니다.

49

수행자들이여,
꽃과 향기를 해치지 않고
꿀만 따는 벌처럼,
이곳에서 저곳으로
집착 없이 살아가세요.

50

남의 허물을 보지 마세요.
남의 결점과 단점을
찾으려 하지 마세요.
오직 자신의 행동을 돌아보고,
자신의 결점과 단점을 살피세요.

51

꽃이 아름다워도
향기 없는 꽃이 있듯,
아무리 좋은 말을 많이 해도
실천이 따르지 않으면
좋은 결실을 맺을 수 없습니다.

52

아름다운 꽃이
진한 향기를 내뿜듯,
말과 행동이 일치하는 사람은
반드시 좋은 결과를 맺게 됩니다.

53

갖가지 꽃을 엮어
아름다운 꽃다발을 만들 듯,
사람으로 태어났다면
마땅히 착한 일을 많이 해야 할 것입니다.

54

꽃향기가 아무리 짙어도,
바람을 거슬러 퍼지지는 못합니다.
그러나 덕의 향기는
바람을 넘어 사방으로 퍼져 나갑니다.

55

장미향, 전단향, 연꽃향,
자스민향은 그 자체로 아름답습니다.
그러나 그 향기가
아무리 아름다워도,
계율의 향기를 뛰어넘을 수는 없습니다.

56

전단향과 장미향은
그리 특별하지 않습니다.
그러나
계戒의 향기, 덕행의 향기는
멀리 하늘나라까지 퍼져 나갑니다.

57

계행을 지키고
방일하지 않으며,
바른 지혜로 수행하는 이는
악마도 그를 찾을 수 없습니다.

58

진흙탕 속에서 피어난
아름다운 연꽃이 향기를 뿜듯,
행동이 바른 사람의 향기도
그와 같습니다.

59

지혜가 없는 이는
눈먼 사람과 같습니다.
중생도 마찬가지이기에,
붓다와 그 가르침,
그리고 승가의 공덕이
얼마나 큰지 알지 못합니다.
오직 지혜 있는 사람만이
그것을 깨달을 수 있습니다.

【 愚闇品/우암품 】

어리석음이야말로
최고의 감옥이다

5

어리석음과 멀어지기

60

잠 못 드는 이에게 밤은 길고,
고단한 사람에게 삶은 거친 파도.
바른 진리를 모르는 이에게
생사의 길은 멀고도 아득하구나.

61

자신보다 더 지혜롭거나,
같은 사람을 만나지 못했다면,
홀로 있으세요.
외롭다고 어리석은 사람과는 함께하지 마세요.

62

어리석은 사람은 이렇게 집착합니다.
"이것은 내 자식이고,
이것은 나의 재산이다"라고.
그러나 정작 나 자신조차도 내 것이 아닌데,
어찌 자식과 재산이
진정 내 것이라 할 수 있겠습니까?

63

어리석은 사람이
스스로 어리석음을 안다면,
그는 이미 어리석지 않습니다.
그러나 자신을 지혜롭다고 여긴다면,
그야말로 참으로 어리석은 사람입니다.

64

어리석은 사람은
비록 지혜로운 이와 일평생 함께하더라도
진리를 깨닫지 못합니다.
마치 숟가락이
음식의 맛을 알지 못하듯이.

65

총명한 사람은
잠깐 지혜로운 이와 함께해도
곧 진리를 깨닫습니다.
마치 혀가 음식의 맛을 알아차리듯이.

66

어리석은 사람은
나쁜 짓을 하면서도
자신을 위한다고 착각합니다.
그는 악업을 쌓아
스스로 고통을 초래합니다.

67

어떤 일을 한 후,
후회가 따른다면,
그것은 잘못된 것입니다.
그러므로 후회할 일은
하지 말아야 합니다.

68

어떤 일을 한 후,
후회 없이 기쁨과 즐거움을 느낀다면,
그것은 바람직한 일입니다.
그런 일은 계속해야 합니다.

69

악행의 열매가 맺히기 전까지는
어리석은 자는 악행을 달콤하게 여깁니다.
그러나 악행의 결과가 나타나면
그는 고통스러운 대가를 받게 됩니다.

70

어리석은 사람은
공덕을 쌓기 위해 극심한 고행을 합니다.
그러나 그 공덕은 보잘것없어,
진리를 깨우친 이의 공덕에
십육분의 일에도 미치지 못합니다.

71

악행의 결과는 서서히 드러납니다.
마치 갓 짜낸 우유가
즉시 발효되지 않는 것처럼 말입니다.
그러나 시간이 지나면,
고통스러운 대가가
그의 뒤를 따라다닐 것입니다.
재 속에 숨은 불꽃이 다시 타오르듯이.

72

어리석은 사람이
지식을 가지면,
오히려 자기 자신을 해칩니다.
스스로 행복을 무너뜨리고,
자신의 영혼에 상처를 입힙니다.

73

어리석은 사람은
헛된 명예를 추구합니다.
그는 윗자리에 앉기를 원하고,
남들의 존경을 바라며,
보시와 공양을 받기를 바랍니다.

74

또 그는 이렇게 말합니다.
'이 일은 내가 이룬 것이다.
이제부터 모든 것은
나에게 물어보라'라고.
어리석은 사람은 말합니다.
이런 생각은 결과적으로
탐욕과 교만만 키울 뿐입니다.

75

삶에는
두 가지 길이 있습니다.
하나는 세속적 이익의 길이고,
또 하나는 진리로 향하는 길입니다.
수행자는 세속적 이익을 탐하지 말고,
홀로 고요한 곳에서
진리를 수행해야 합니다.

【 賢哲品/현철품 】

지혜는
번뇌를 가르는
칼이다

- 이 장은 니르바나(열반)를 이루는 일곱 가지 수행 즉 칠각지七覺
 支가 나온다. 요약하면 번뇌와 애착을 끊는 것으로 귀결된다.

6

지혜는 어둠을 걷는다·

76

자신의 허물을
말해 주는 사람이 있다면,
그와 친구가 되십시오.
그는 지혜의 보물창고를
알려 주는 사람입니다.
그와 벗하면 후회하지 않을 것입니다.

77

모든 사람들에게
잘못된 행동을 하지 않도록,
조언하고 알려 주세요.
무지한 사람은 비난하겠지만,
지혜 있는 사람은 칭찬할 것입니다.

78

나쁜 사람과 어울리지 말고,
저속한 사람과도 만나지 마십시오.
언제나 좋은 사람,
훌륭한 사람을 가까이하십시오.

79

진리의 물을 마신 사람은
마음이 깨끗하고 행복합니다.
지혜로운 이는
항상 기쁨 속에 살며
언제나 진리를 이야기합니다.

80

물길을 관리하는 사람은
물이 잘 흐르도록 노력하고,
화살 장인은 화살을 곧게 만듭니다.
목수는 나무를 정교하게 다듬고,
지혜로운 사람은
자기 자신을 잘 다스립니다.

81

견고한 바위가
거센 바람에도 흔들리지 않듯,
지혜로운 사람은
칭찬에도 비난에도 흔들리지 않습니다.

82

깊은 호수가 맑고 고요하듯,
지혜로운 사람은
진리의 말씀을 들으면,
마음이 깨끗하고 고요해집니다.

83

현명하고 지혜로운 사람은
모든 욕망에서 멀리 떠납니다.
그는 고락苦樂에도,
기쁨과 근심에도 흔들리지 않습니다.

84

자신 때문이든
타인 때문이든
악행을 저지르지 마십시오.
자식과 재물을 쫓지 말고,
부정한 방법으로 부와 출세,
권력을 탐하지 마십시오.
이러한 사람이야말로
진리 속에서 지혜롭게 살아가는 사람입니다.

85

많은 사람 중에서
삶과 죽음의 강, 피안의 강을
건넌 이는 드뭅니다.
그 나머지 사람들은
이쪽 강가, 이쪽 언덕에서
헤매고 있을 뿐입니다.

86

그러나 가르침대로
바르게 수행하는 사람,
바르게 진리를 실천하는 사람,
그는 악마의 강을 건너
니르바나(열반)에 도달한 사람입니다.

87

지혜로운 사람은
악을 버리고 선을 실천하며,
속세의 집착을 버리고
고요한 곳에서 홀로 명상합니다.

88

지혜로운 사람은
욕망을 버리고
아무것도 소유하지 않습니다.
마음의 먼지(번뇌)를 씻어버리고,
고요히 홀로 명상을 수행합니다.

89

지혜로운 사람은
마음을 바르게 하고
모든 애욕과 집착에서 떠납니다.
그는 번뇌를 끊고,
마침내 니르바나의 세계에 이릅니다.

【 譬喆品/헌철품 】

지혜는
번뇌를 가르는
칼이다

7

깨달음은 자유의 열쇠

90

삶과 죽음의 여행을 마치고
모든 속박과 고통에서 떠났으며,
마음이 평온한 세계에 이른 이에게는
털끝만한 고뇌나 번민도 없습니다.

91

부지런히 정진하는 사람은
어떤 것에도 집착하지 않습니다.
그는 마치 백조가
미련 없이 호수를 떠나가듯,
모든 것을 내려놓고 자유롭게 살아갑니다.

92

재산을 모으지 않고
음식도 탐하지 않습니다.
그는 모든 것을 텅 비웠으며,
그 어디에도 집착하지 않습니다.
새가 허공에 흔적을 남기지 않듯이.

93

모든 번뇌와 잡념을 끊어버렸고,
의복도 음식도 탐하지 않습니다.
그는 모든 것을 텅 비웠으며,
그 어디에도 집착하지 않습니다.
새가 허공에 흔적을 남기지 않듯이.

94

마부가 말을 잘 훈련시키듯,
모든 감각기관을 고요하게 하십시오.
교만과 번뇌를 끊은 사람은,
저 하늘의 신들조차 존경합니다.

95

그는 원한과 분노가 없으며,
대지처럼 모든 것을 포용합니다.
마음은 돌기둥처럼 흔들리지 않고,
호수처럼 맑고 깨끗합니다.
그는 삶과 죽음의 굴레에서
해탈한 사람입니다.

96

그는 마음이 고요하며,
말과 행동은 잔잔한 호수와 같습니다.
바른 지혜로 해탈했으며,
번뇌는 사라졌습니다.
그는 마음이 평온한 세계에
도달한 사람입니다.

97

그 어떤 것에도 의존하지 않고,
진리, 니르바나를 깨달은 사람.
유혹을 물리치고 삶의 속박을 끊었으며,
모든 욕망을 버리고 탐욕에서 떠난 이,
그 사람이야말로 가장 위대한 인간입니다.

98

마을이든 숲이든,
높은 곳이든, 누추한 곳이든,
깨달은 이가 있는 곳이라면,
그곳이 어느 곳이든 모두 행복한 낙원입니다.

99

수행자는 숲을 좋아합니다.
그러나 세속 사람들은 싫어합니다.
수행자는 숲에서 명상을 즐기며,
쾌락과 욕망을 버리고,
고요히 열반의 경지에 이릅니다.

【 述千品/술천품 】

마음을 움직이는
한마디가
천 마디 말보다
강하다

8

마음을 살리는 한마디

100

천 마디 미사여구보다
마음을 고요하게 하는
한마디 말이
훨씬 더 값어치가 있습니다.

101

미사여구 가득 찬
천 개의 시구보다
마음을 가라앉히는
한 줄의 시가
더 큰 가치를 지닙니다.

102

온갖 찬사로 가득한
백 가지 말보다는
영혼을 울리는 한마디 말이
더 오래 가슴을 울리게 합니다.

103

진정한 승리는
백만의 적과 싸워 이기는 것보다
자기 자신과 싸워 이기는 것입니다.
그가 바로 최고의 전사戰士입니다.

104

진정한 승리는
타인과 싸워 이기는 것보다
자기 자신과 싸워 이기는 것입니다.
만약 자기 자신을 극복한다면,
그는 자기 자신을
마음대로 통제할 수 있습니다.

105

진정한 승리는
욕망과 번뇌를 정복한 사람입니다.
그는 악마도, 인드라 신도,
그리고 하늘의 신도 정복할 수 없습니다.

106

백 년 동안 매달 천 번씩
신에게 제사를 올리는 것보다,
잠시라도 깨어 있는
수행자에게 공양을 올리는 것이
훨씬 더 큰 공덕을 쌓습니다.

107

불의 신 아그니에게
백 년 동안 제사를 올리는 것보다
단 한 번이라도
깨어 있는 수행자에게
공양을 올리는 것이
훨씬 더 큰 공덕을 쌓습니다.

108

복을 받기 위해
신에게 일 년 동안
희생제를 올린다 해도
그 공덕은 수행자를 공양하는 것에
4분의 1에도 미치지 못합니다.

109

덕이 높은 어른을 공경하십시오.
어른을 존숭하는 사람에게는
수명, 건강, 아름다움, 행복
이 네 가지 행운이 따르게 됩니다.

110

계율•을 저버리고
백년을 사는 것보다
계율을 지키고 명상 속에서
단 하루를 사는 것이 더 낫습니다.

111

어리석음을 가지고
백 년을 사는 것보다
명상과 지혜를 닦으며
하루를 사는 것이 더 낫습니다.

● 계율戒律은 승단에서 경계해야 할 지침을 말한다.

112

나태와 게으름으로
백 년을 사는 것보다
노력, 정진하면서
하루를 사는 것이 더 낫습니다.

113

삶과 죽음의 이치를 모르고
백 년을 사는 것보다는
삶과 죽음의 이치를 알고
하루를 사는 것이 더 낫습니다.

114

불사不死의 길을 모르고
백 년을 사는 것보다는
불사의 길을 알고
하루를 사는 것이 더 낫습니다.

115

최고의 진리를 모르고
백 년을 사는 것보다는
최고의 진리를 알고
하루를 사는 것이 더 낫습니다.

【 惡行品/ 악행품 】

악행은
너의 그림자가 되어
따라온다

9

악은 스스로를 해친다

116

악행을 하지 마세요.
좋은 일은 무엇이든지
망설이지 말고 하세요.
좋은 일에 마음을 두지 않는 사람은
나쁜 일에 마음을 두고 있기 때문입니다.

117

만약 악행을 했다면
다시는 되풀이하지 마세요.
악이 쌓이면
결국 고통이 되어 돌아옵니다.

118

좋은 일을 했다면
망설이지 말고 되풀이하세요.
선행이 쌓이면
행복한 삶이 찾아옵니다.

119

악행의 결과가 드러나기 전에는
사람들은 이를 즐거워합니다.
그러나 그 끝이 다가오면
고통스러운 재앙이 되어 돌아옵니다.

120

선한 행위는
그 열매를 맺기 전에는
시련을 동반할 수도 있습니다.
그러나 마침내 결실을 이루면
따뜻한 행복이 찾아옵니다.

121

작은 악이라도
가볍게 여기지 마세요.
빗방울이 모여
큰 항아리를 채우듯
작은 악도 쌓이면 큰 죄악이 됩니다.

122

작은 선이라도
소홀히 하지 마십시오.
빗방울이 모여
큰 항아리를 채우듯
작은 선이 쌓이면 큰 복을 가져옵니다.

123

상인이 험한 길을 피해 다니듯
슬기로운 사람은 악을 멀리합니다.
그는 생명을 소중히 여겨서
살생과 같은 악행을 하지 않습니다.
마치 독이 든 음식을 피하듯이 말입니다.

124

손에 상처가 없다면
독을 만져도 해를 입지 않습니다.
그러하듯이, 악행을 멀리하세요.
악을 짓지 않는다면
고통 또한 따르지 않을 것입니다.

125

바람에 티끌을 날리면
그 티끌은 결국 자신에게 되돌아옵니다.
그와 같이 마음이 맑고 착한 사람을 해치면
그 악은 결국 자신에게 되돌아오고 맙니다.

126

악행을 한 사람은 지옥으로
정직한 사람은 천상으로 갑니다.
그리고 번뇌를 끊은 사람은
행복한 세계인 니르바나로 갑니다.

127

허공이나 바다,
깊은 산속이나 바위틈에 숨어도
죄악에서 도망칠 곳은 없습니다.
결국 죄악은 자신에게 되돌아옵니다.

128

허공이나 바다,
깊은 산속이나 바위틈에 숨어도
죽음에서 벗어날 곳은 없습니다.
그 길은 오직 니르바나의 세계뿐입니다.

【 刀杖品/도장품 】

칼을 뽑는 자는
그 칼에
쓰러진다

10

폭력은 화살, 자비는 방패

129

모든 생명은 죽음을 두려워합니다.
이 진리를 깊이 인식하고,
살아 있는 존재를 죽이지 마십시오.
그리고 타인에게 죽이라고 하지도 마십시오.

130

모든 생명은 폭력을 두려워합니다.
이 사실을 깊이 인식하여
살아 있는 존재에게 폭력을 가하지 마십시오.
또한 폭력을 부추기지도 마십시오.

131

사람은 누구나 행복을 원합니다.
그러나 자신의 행복을 위해
타인의 행복을 빼앗아서는 안 됩니다.
진정한 행복은
다른 이의 고통 위에서
꽃필 수 없기 때문입니다.

132

그러나
자신의 행복도 위하고
다른 이의 행복도 위한다면,
그는 진정한 행복을 얻게 될 것입니다.

133

욕하지 마세요.
상처를 주는 말을 하지 마세요.
당신이 그를 욕하면
그 사람도 당신을 욕하게 될 것입니다.
칼끝을 맞대면 결국 당신도 다치게 됩니다.

134

부서진 종처럼 침묵하세요.
분노와 원한을 가라앉히세요.
다툼 없는 그대는 분명,
저 평온한 니르바나에 이르게 될 것입니다.

135

소를 기르는 사람이
소를 몰아 들판으로 가듯
늙음과 죽음은
우리의 인생을 휘몰아
저승으로 갑니다.

136

어리석은 사람은
나쁜 짓을 하면서도
그것이 악이라는 사실을 알지 못합니다.
그는 결국 뜨겁게 불타는
고통과 마주하게 될 것입니다.

137

착한 사람에게
욕을 하거나,
폭행을 해서는 안 됩니다.
그는 그로 인해
고통스러운 대가를 치르게 될 것입니다.

138, 139, 140

파산, 중병, 가난,
박해, 화재, 비난,
극심한 고통 등을 받게 되며,
죽은 후에는
지옥에 떨어져 고통을 받게 됩니다.

141

나체 수행, 금식, 단식 등
극단적인 고행 방법으로는
진리를 깨달을 수 없습니다.
번뇌와 의혹을 끊지 않으면
깨달음의 세계에 도달할 수 없습니다.

142

행동을 엄격히 하고
자신을 절제하며,
마음을 고요히 하고,
살아 있는 생명을 해치지 않는 사람,
그 사람이야말로
브라만•이며, 사문••이고 비구•••입니다.

- • 브라만Brahman은 바라문婆羅門이라고 한역하며 가장 높은 성직자 계급을 말한다.
- •• 사문沙門은 출가하여 수행하는 사람을 통틀어 일컫는 말이다.
- ••• 비구比丘는 불교에 귀의해서 출가한 남자 스님을 말한다. 빨리어 비쿠bhikkhu의 음역으로, 음식을 빌어먹는 걸사乞士를 뜻한다.

143

부끄러움을 아는 사람은
수치스러운 행동을 하지 않습니다.
마치 명마가 채찍의 그림자만
보고도 피하듯,
그는 비난받을 일을 하지 않습니다.

144

좋은 말에 채찍을 가하면
더 힘차게 달리듯,
항상 힘써 노력하십시오
믿음과 계행, 삼매와 정진,
그리고 지혜와 덕행(계율)을 갖추어
모든 고통에서 벗어나십시오.

145

물을 대는 사람은
물길을 바로잡고,
활을 만드는 장인은
화살을 바로잡고,
목수는 재목을
정교하게 다듬 듯,
선행을 하는 사람은
항상 자기 자신을 잘 다스립니다.

【 老耄品/노모품 】

시간은 몸을 늙게 하지만
지혜는 마음을 젊게 한다

11

나이 들수록 지혜롭게

146

이 세상은 화염 속에 있고,
지금 그대는 어둠 속에 갇혀 있습니다.
웃고 기뻐할 시간이 없습니다.
그런데도 그대는
등불을 찾고 있지 않습니다.

147

이 육체를 보십시오.
그 속에는
시기, 질투, 욕심 등
온갖 오물로 가득 차 있습니다.
게다가 이 육체는
영원하지도 않습니다.

148

이 몸은 늙고 병들어
점점 부서져 가고 있습니다.
결국 이 몸은 흙으로 돌아갈 것입니다.
이와 같이 살아 있는 것은
언젠가는 죽음을 맞이하게 될 것입니다.

149

우리의 이 육체는
늦가을 들녘에 나뒹구는 표주박처럼
결국 산산이 흩어지고 말 것입니다.
여기서 어떻게
기쁨을 찾을 수 있겠습니까?

150

이 육체는
뼈와 살로 이루어져 있습니다.
그 속에는 늙음과 죽음,
거짓과 자만, 위선이
고개를 치켜세우고 있습니다.

151

아름다운 마차도
언젠가는 낡아 부서지듯
이 몸도 언젠가는
늙고 부서지게 됩니다.
그러나 깨달은 이의 가르침은
영원히 사라지지 않습니다.

152

마음도 닦지 않고
지식도 지혜도 없이
그저 방종과 방일로 세월을 보내면
그는 늙은 소와 다를 바 없습니다.
어리석고 우둔하며, 덩치만 클 뿐입니다.

153

이 육체의 주인을 찾기 위하여
수많은 생을 거듭했습니다.
그러나 아직도 찾지 못한 채,
삶과 죽음을 반복하고 있습니다.

154

아,
육체의 주인을 찾고 있는 자여,
비로소 나는 그대를 보았습니다.
나의 마음은 니르바나에 이르렀고
모든 욕망은 소멸되어 버렸습니다.

155

젊은 날 수행을 하지 않았고,
노력도 하지 않았습니다.
그는 실의에 잠겨
마치 늙은 백로가 쓸쓸히 강가를 배회하듯
생의 마지막을 맞이하게 될 것입니다.

156

젊은 날 수행을 하지 않았고,
의미 있는 삶도 살지 않았습니다.
이제 병든 몸으로 땅바닥에 누워
방탕했던 지난날을 한탄하며
후회하고 있습니다.

【 己身品/기신품 】

자기를 다스려라
그때 세상이
달라진다

12

나를 다스리는 힘

157

자기 자신을 소중하게 여긴다면
악으로부터 자신을 잘 지켜야 합니다.
지혜롭고 슬기로운 사람은
하루에 한 번
자신을 돌아보는 시간을 갖습니다.

158

남을 가르치기 전에
먼저 자신을 바르게 해야 합니다.
지혜로운 사람은
자신을 속이지 않으며
다른 사람들을 속이는
어리석은 행동을 결코 하지 않습니다.

159

남을 가르치듯이
자기 자신을 꾸짖고 독려한다면
그는 자신을 잘 다스리는 사람입니다.
그는 남을 가르칠 자격이 있나니
이 세상에서 가장 어려운 것은
자기 자신을 다스리는 일이기 때문입니다.

160

타인을 의지하지 말고
자기 자신을 의지하세요.•
자기 자신을 잘 단련시키는 것만이
최고의 의지처이자 믿을 수 있는 곳입니다.

161

다이아몬드가 보석을 깎아내듯이
스스로 악업을 짓고
스스로 그 대가를 받으며
스스로 자신을 파멸시킵니다.

• 타인의 말을 따르지 말고, 자신의 견해와 판단을 믿으라는 뜻.
  주관 없이 타인의 말을 믿으면 삿된 곳으로 빠진다는 뜻이다.

162

파계와 무절제는
결국 자기 자신을 파멸로 몰고 갑니다.
악마는 그런 사람을 반기나니
마치 칡덩굴이 나무를 쓰러뜨리듯이.

163

악행은 쉽게 할 수 있지만
선행은 실천하기 어렵습니다.
악행의 대가는 혹독하고
선행의 보상은 아름답습니다.

164

어리석은 사람은 자신의 그릇된 견해로
성자의 훌륭한 가르침을 비방합니다.
그러나 그것은
곧 스스로를 파멸로 이끄는 행위입니다.
마치 열매를 맺고 죽어버리는 대나무처럼.

165

자신이 지은 악행으로
스스로 타락의 길을 걷고,
자신이 지은 선행으로
스스로 청정한 삶을 영위합니다.
타락과 청정은
오직 자기 자신에게 달린 것.
그 누구도 다른 사람을 타락시키거나
청정하게 할 수 없습니다.

166

타인을 위한다는 것을 핑계로
자신이 해야 할 일을
소홀히 해서는 안 됩니다.
이 점을 깊이 인식하고
항상 자신의 완성을 위해 힘써야 합니다.

【 世俗品/세속품 】

세속의 욕망은
손에 쥘수록
사라진다

13

욕망은 허무로 이끈다

167

저속하고 하찮은 일에 빠지지 마세요.
나태와 방종으로 세월을 보내지 마세요.
그릇된 견해를 추종하지 말고,
출세와 부귀영화에 매달려
아까운 삶을 탕진하지 마십시오.

168

일어나세요.
방일하지 말고 노력하십시오.
바르게 이 진리를 실천하는 사람은
이 세상에서도,
다음 세상에서도 행복할 것입니다.

169

올바른 삶을 사세요.
잘못된 삶을 살지 마세요.
올바르게 사는 사람,
진리에 따라
살아가는 사람은 항상 행복합니다.

170

이 세상을 물거품처럼 보고
아지랑이나 신기루처럼
여기는 사람은
죽음의 신도 그를 잡을 수 없습니다.

171

어리석은 사람들은
화려한 물건을 보면 현혹됩니다.
그러나 현명한 사람은
그 화려함에 현혹되지 않습니다.

172

과거에는 무지했지만
지혜를 찾고 있는 사람은
달이 구름 속에서 벗어나듯
점점 무지에서 벗어나고 있는 사람입니다.

173

비록 전에는 나쁜 짓을 했지만
착한 행동을 하는 사람은
달이 구름 속에서 벗어나듯
점점 악을 극복해 가고 있는 사람입니다.

174

이 세상 사람들은
눈이 멀어 보지 못합니다.
오직 지혜 있는 사람만 볼 수 있고,
몇 사람만 니르바나에 이릅니다.
마치 몇 마리의 새들만
그물에서 탈출하는 것처럼.

175

백조가 하늘로 날아가듯
지혜로운 사람은
악마를 물리치고
고통스러운 이 세상을 벗어납니다.

176

진리의 길을 거스르며
거짓말을 일삼고,
인과응보를 비웃는 사람은
머뭇거리지 않고 갖가지 악행을 저지릅니다.

177

어리석은 자는 베풀 줄 모르고
인색한 사람은 천상에 갈 수 없습니다.
그러나 지혜로운 사람은 베풀 줄 아나니
그는 이 세상에서는 행복하고
다음 세상에서는 천상에 태어납니다.

178

통치자가 되는 것보다도,
천상으로 가는 것보다도
더 고귀한 것은
니르바나를 성취하는 것입니다.

【 佛陀品 / 불타품 】

붓다는
어둠 속에서
빛을 비추는
별과 같다

14

붓다는 길을 밝히는 별

179

깨달은 이, 붓다는
모든 번뇌를 정복했습니다.
그 누구도 붓다의 능력과
지혜를 따라올 수 없습니다.
그런 그를 어떻게 유혹할 수 있겠습니까?

180

깨달은 이, 붓다는
욕망의 그물에 걸리지 않습니다.
그는 모든 속박과 번뇌에서 벗어났으며,
그의 지혜는 한없이 깊고,
어떠한 자취도 남기지 않습니다.
그런 그를 어떻게 유혹할 수 있겠습니까?

181

지혜로운 이는
삼매*와 통찰지**를 닦으며
번뇌와 욕망을 끊어버립니다.
명상으로 바르게 깨달은 이는
인간은 물론 하늘의 신들도 존경합니다.

- •   삼매三昧는 산스끄리뜨어, 빨리어 samādhi를 음역한 것이다. 마음을 한곳에 집중하여 산란하지 않은 상태. 마음이 들뜨거나 침울하지 않고 한결같이 평온한 상태로 정定, 등지等持로 번역한다.
- ••   통찰지洞察智는 생명 내부의 움직임에서 절로 솟아나는 지혜, 법의 이치를 깨달은 최상의 지혜를 뜻하는 말이다. 모든 사물과 이치를 바르게 보는 눈, 안목, 지혜를 뜻한다.

마음에게 말을 걸다 법구경

182

인간으로 태어난 것은 행운입니다.
천명대로 사는 것도 행운입니다.
바른 가르침을 듣는 것은 더욱더 행운입니다.
그러나 가장 큰 행운은
깨달은 이, 붓다를 만난 것입니다.

183

악행을 하지 마십시오.
대신, 선행을 하십시오.
그리고 항상 마음을 깨끗하게 하십시오.
이것이 깨달은 이,
붓다의 가르침입니다.

184

가장 큰 행복은 열반이며
가장 훌륭한 수행은 인내입니다.
남을 비방하거나 헐뜯고,
괴롭히거나 고통을 주는 사람은
진정한 수행자라 할 수 없습니다.

185

남을 헐뜯지 말고
계율을 지키며
음식을 절제하십시오.
그리고 고요한 곳에서
홀로 명상하십시오.
이것이 깨달은 이, 붓다의 가르침입니다.

186

황금이 소나기처럼 쏟아진다 해도
욕망을 모두 채울 수는 없습니다.
욕망의 기쁨은 잠시일 뿐
그 고통은 깁니다.
지혜로운 이는
이를 깨닫고 욕망을 멀리합니다.

187

지혜로운 이는
천상의 쾌락도 기뻐하지 않습니다.
영원한 것이 아니기 때문입니다.
바르게 깨달은 이의 제자들은
욕망이 소멸되는 것을 가장 기뻐합니다.

188

두려움에 쫓긴 사람들은
깊은 산속이나 숲으로 들어가
큰 나무나 동굴,
또는 바위에 기도하며
안식처를 찾으려 합니다.

189

그러나 그런 곳은
의지할 곳도 못 되고
두려움을 제거해 주지도 못합니다.
그런 곳은 고통에서 벗어날 수 없습니다.

190

공포에서 벗어나
행복을 찾을 수 있는 곳은
붓다(佛)와 그 가르침(法)과 승가(僧)입니다.
이곳(승가)에서는 고집멸도
사성제四聖諦°의 이치를 닦아
깨달음을 이룹니다.

● 사성제四聖諦: 고집멸도苦集滅道로서 '사제四諦'라고도 한다. 성제 聖諦는 '성스러운(聖) 진리(諦)'를 말한다. ① 고苦: 모든 것은 괴로 움이라는 뜻. ② 집集: 괴로움의 원인은 모으는 것, 즉 집착 때문 이라는 것이다. ③ 멸滅: 괴로움과 집착은 소멸(滅)시켜야 할 대 상이다. ④ 도道: 괴로움 제거하는 방법(道)은 여덟 가지 바른 길 인 팔정도八正道를 실천해야 한다는 것이다.

191

사성제는 깨달음에 이르는
네 가지 길입니다.
첫째, 모든 것은 고苦(고통, 괴로움)입니다.
둘째, 고苦의 원인은 집착(集, 모으다)입니다.
셋째, 고는 소멸, 제거해야 할 대상입니다.
넷째, 고를 제거하는 방법은
팔정도•를 수행하는 것입니다.

- 팔정도는 ① 정견(正見, 바르게 보기), ② 정사유(正思惟, 바르게 생각하기), ③ 정어(正語, 바르게 말하기), ④ 정업(正業, 바르게 행동하기), ⑤ 정명(正命, 바르게 생활하기), ⑥ 정정진(正精進, 바르게 정진하기), ⑦ 정념(正念, 바르게 깨어 있기), ⑧ 정정(正定, 바르게 삼매[집중]하기)이다.

마음에게 말을 걸다 **법구경**

192

붓다와 그 법,
그리고 승가에 귀의하는 것만이
가장 안온한 의지처입니다.
이곳에 귀의하면
모든 고통과 두려움에서 벗어날 수 있습니다.

193

성자를 만난다는 것은,
하늘의 별 따기보다 어렵습니다.
그는 아무 데서나 태어나지 않기 때문입니다.
성자가 태어난 곳은
영원히 행복하고 평화로운 곳입니다.

194

깨달은 이[붓다佛]의 출현은
더 없이 기쁜 일입니다.
참된 가르침[법法]을 만난 것은
더욱더 기쁜 일입니다.
청정한 승가[승僧]에 귀의하게 된 것은
참으로 기쁜 일입니다.

195

그들은 악마를 물리치고,
고뇌의 강을 건넌 이들입니다.
우리는 그들을 공양, 존경해야 합니다.
그것이 최고의 공덕을 쌓는 길입니다.

196

모든 두려움과 공포,
그리고 속박에서 벗어난 이들을
공양하고 받드세요.
그 공덕은 광대하여
무엇과도 비교할 수 없습니다.

197

이 세상은
서로 미워하고 원망합니다.
그러나 나에게는
원망도 미움도 없습니다.
그래서 내 삶은 참으로 행복합니다.
나 혼자만이라도
원망과 미움에서 벗어나 살아가기를 바랍니다.

198

이 세상은
고통과 고뇌 속에 있습니다.
그러나 나에게는
고통도, 고뇌도 없습니다.
그래서 내 삶은 참으로 행복합니다.
나 혼자만이라도
고통 속에서 벗어나 살아가기를 바랍니다.

199

이 세상은
탐욕과 욕망 속에 있습니다.
그러나 나에게는
탐욕도, 욕망도 없습니다.
그래서 내 삶은 참으로 행복합니다.
나 혼자만이라도
탐욕 속에서 벗어나 살아가기를 바랍니다.

【 安樂品/안락품 】

행복은 너의 마음속에 있다

15

진짜 행복은 욕심 없는 마음

200

나는 아무 것도
가진 것이 없습니다.
가진 것이 없기에
근심도 걱정도 없습니다.
이것이야말로 진정한 행복의 길입니다.

201

승리는 원한을 낳고,
패배는 비탄을 낳습니다.
그러나 마음의 평온을 얻은 사람은
승리도 패배도 모두 버리고
진정으로 행복한 삶을 살아갑니다.

202

육체적 욕망만큼
뜨거운 불길은 없으며,
증오만큼 강한 악도 없습니다.
육체의 고통보다 더 큰 고통은 없고,
마음의 평온보다 더 큰 기쁨은 없습니다.

203

육체는 고통의 뿌리이고,
굶주림은 가장 큰 고통입니다.
지혜로운 사람은 이러한 이치를 깨닫고,
궁극적인 행복인 열반을 성취합니다.

204

건강은 으뜸가는 축복이고,
만족은 으뜸가는 재산입니다.
믿음은 으뜸가는 친구이고,
니르바나는 으뜸가는 행복입니다.

205

마음의 평온과
명상의 즐거움을 아는 사람은
공포와 불안, 근심에서 벗어나
궁극적 행복인 니르바나에 이릅니다.

206

현명한 이를
만나는 것은 행운입니다.
그와 함께하면
지혜를 얻을 수 있기 때문입니다.
어리석은 자를
만나지 않는 것은 행운입니다.
그와 함께하면
어리석어질 수밖에 없기 때문입니다.

207

어리석은 자와
함께하지 마세요.
그와 함께하면
원치 않는 고통이 따르게 됩니다.
어리석은 자와 사는 것은
보기 싫은 사람과
사는 것보다 더 괴로운 일입니다.

208

현명하고 지혜롭고,
겸손하며 절제 있고,
인내심이 강하고
학문이 깊은 이를 따르십시오.
별이 지구의 궤도를 따르듯이.

【 愛好品/애호품 】

애욕은 자유를 가장한 감옥이다

16

욕망의 끝에서 비로소 자유

209

해야 할 것은 하지 않고,
하지 말아야 할 것을 하는 사람은
육체적 쾌락에 빠져
진실한 가르침을 저버립니다.
그는 삶을 완전히 포기한 사람입니다.

210

사랑에서도 미움에서도 벗어나세요.
사랑의 끝도, 미움의 끝도 고통입니다.
이 두 가지에서 벗어나면
더 큰 행복을 얻을 수 있습니다.

211

사랑을 만들지 마세요.
사랑에서 미움이 생기고
사랑에서 고통이 따릅니다.
사랑과 미움에서 떠난 사람에게는
사랑도 미움도 괴로움도 없습니다.

212

사랑에서 고통이 생기고
사랑에서 슬픔이 따릅니다.
그러나 사랑에서 벗어나면
더 이상 고통이나 슬픔은 존재하지 않습니다.

213

애착에서 슬픔이 생기고
애착에서 고통이 따릅니다.
그러나 애착에서 벗어나면
더 이상 슬픔이나 고통도
존재하지 않습니다.

214

쾌락에서 슬픔이 생기고
쾌락에서 고통이 따릅니다.
그러나 쾌락에서 벗어나면
더 이상 슬픔도 고통도
존재하지 않습니다.

215

욕망에서 슬픔이 생기고
욕망에서 고통이 따릅니다.
그러나 욕망에서 벗어나면
더 이상 슬픔도 고통도
존재하지 않습니다.

216

갈망에서 슬픔이 생기고
갈망에서 두려움이 따릅니다.
그러나 갈망에서 벗어나면
더 이상 슬픔도 두려움도
존재하지 않습니다.

217

자기 자신을 잘 절제하고
진리를 향해 나아가는 사람은
지혜와 통찰력을 갖추어
모든 사람에게 존경을 받습니다.

218

굳은 의지와 신념으로
니르바나를 향해 가는 사람,
그는 욕망을 극복하고
진정한 자유를 찾은 사람입니다.

219, 220

오랜만에 고향에 돌아가면
친척과 친구들이 반갑게 맞이해 주듯
선행을 쌓은 후 저세상에 가면
그곳 사람들은 그를 크게 환영합니다.

【 忿怒品/분노품 】

분노를
다스리는 자는
세상의 모든 폭풍을
잠재운다

17

분노는 나를 태운다

221

분노와 교만을 버리세요.
모든 집착에서 벗어나세요.
그 무엇에도 집착하지 않는 사람은
슬픔과 고통으로 번민하지 않습니다.

222

질주하는 마차를
능숙하게 멈추는 마부처럼
분노를 잘 다스리는 사람이야말로
진정한 마부입니다.
대부분의 사람은
단지 고삐만 쥐고 있을 뿐
분노를 조절할 줄 모릅니다.

223

절제로 분노를 다스리고
선으로 악을 다스리세요.
보시로 인색함을 다스리고
진실로 거짓을 다스리세요.

224

진실을 말하고
분노를 다스리며
보시를 실천하십시오.
이 세 가지를 실천하면
그대는 천상에 이를 것입니다.

225

남에게 해를 끼치지 않고
자신의 행동을 잘 다스리는 사람은
죽음이 없는 열반에 이르며
그곳에는 슬픔도 괴로움도 없습니다.

226

항상 깨어 있으며
밤낮으로 배우고 익히며
니르바나를 향해 노력하는 이는
모든 번뇌에서 벗어나
자유를 얻게 됩니다.

227

세상 사람들은
말을 해도 비난하고
말을 하지 않아도 비난하며
적당히 말해도 비난합니다.
비난에서 벗어날 수 있는 사람은
아무도 없습니다.

228

이 세상에는
비난만 받는 사람도 없고
칭찬만 받는 사람도 없습니다.
그런 사람은
과거에도, 현재에도,
미래에도 없을 것입니다.

229, 230

아침마다 반성하며
말과 행동에 결점이 없고
지혜와 덕행(계행)을 갖춘 사람.
누가 그런 이를 비난할 수 있겠습니까?
하늘의 신들도 찬탄할 것입니다.

231

육체(身, 몸)를 잘 다스리세요.
육체가 분노하면
나쁜 행동을 하게 됩니다.
대신, 육체(노동)로 남을 도와주세요.

232

입(口, 말)을 잘 다스리세요.
입이 분노하면
욕설과 폭언과 악담을 하게 됩니다.
대신, 칭찬과 위로를 해 주세요.

233

마음(意, 생각)을 잘 다스리세요.
마음이 분노하면
시기, 질투, 증오, 사기 등을 일으킵니다.
사악한 마음을 버리고,
착한 마음을 가지세요.

234

지혜로운 이는
자신의 몸(행동)과 입(말)과
마음(생각)을 잘 통제합니다
이 세 가지를 잘 다스리는 사람은
이 세상도 잘 다스릴 수 있습니다.

【 塵垢品/진구품 】

번뇌를
끊는 순간
평화가
그대에게 다가온다

18

마음의 먼지, 고요히 닦기

235

지금 그대 곁에는
죽음의 신이 다가와 있습니다.
이제 곧 떠나야 할 순간입니다.
그런데도 아직 떠날 준비(선행)도
하지 못했군요.

236

자기 자신을 의지하고,
부지런히 정진하여 지혜를 이루세요.
모든 죄악을 깨끗하게 하면,
당신은 분명 천상에 태어날 것입니다.

237

지금 그대 곁에는
죽음의 신이 서 있습니다.
저승으로 가는 길에는 쉴 곳도 없는데,
아직도 갈 준비(선행)를 하지 못했군요.

238

자신을 의지처로 삼고,
부지런히 정진하여 지혜를 이루세요.
번뇌와 욕망을 모두 버리면,
삶과 죽음의 굴레에서 벗어납니다.

239

현명한 이는 부지런히
자신의 가슴속에 낀 먼지를 제거합니다.
마치 보석을 다듬는 장인이
금을 정성스럽게 갈듯이 말입니다.

240

쇠붙이에서 생긴 녹이
다시 그 쇠를 녹슬게 하듯,
자신이 저지른 악행은
자신을 악도惡道(지옥 등)로 인도합니다.

241

읽지 않으면 경전은 녹슬고,
수리하지 않으면 집은 무너집니다.
씻지 않으면 아름다운 얼굴은 추해지고,
깨어 있지 않으면 정신은 녹슬어 버립니다.

242

부정한 짓은 자신을 더럽히고,
인색함은 베푸는 이의 마음을 더럽히며,
악행은 이 세상과 저 세상을 더럽힙니다.

243

이 세상에서 가장 더러운 것은
진리에 대한 무지입니다.
비구들이여,
부지런히 정진하여
무지와 어리석음에서 벗어나십시오.

244

부끄러움을 모르는 자는
체면도 염치도 없으며,
얼굴이 두껍고 뻔뻔하고,
남을 멸시하고 허세를 부리며,
그들은 이처럼 삶을 쉽게 살아갑니다.

245

그러나 부끄러움을 아는 사람은
예의 바르고 검소하며 겸손합니다.
자신의 행동이 올바른지 늘 되돌아보며,
이처럼 부끄러움을 아는 사람은
삶을 살아가기가 어렵습니다.

246

살아 있는 생명을 함부로 죽이고
거짓말을 서슴지 않으며
주지 않은 것을 마음대로 훔치는 자는
스스로 자신의 생명을 단축시키는 것입니다.

247

남의 아내 또는 남의 남편을 탐하고
술과 마약, 도박에 빠져
정신을 차리지 못하는 사람은
스스로 자신의 생명을 갉아먹는 것입니다.

248

그대들이여, 명심하십시오.
탐욕과 분노를 자제하지 못하면
결국 악을 행하게 되고
그 악행은 오래도록 그대를 괴롭힐 것입니다.

249

참된 보시는
명예나 칭찬을 바라고
하는 것이 아닙니다.
그것은 순수한 보시가 아닙니다.
또한 보시받은 사람은
그 물건에 대해 불평해서는 안 됩니다.
불평하면 마음의 평온을 얻을 수 없습니다.

250

그러나 순수한 보시,
집착 없는 보시를 실천하며,
불평하는 생각을 갖지 않는다면,
그는 마음의 평온을 얻을 것입니다.

251

욕망보다 더한 불길은 없고,
증오보다 더한 속박은 없습니다.
어리석음보다 더 강한 그물은 없으며,
애욕보다 더 세찬 강물은 없습니다.

252

남의 단점은 보기 쉽지만
자신의 단점은 보기 어렵습니다.
남의 잘못은 쉽게 들추지만
자신의 잘못은 애써 숨기려 합니다.
마치 도박꾼이 화투장을 숨기듯이.

253

남의 단점을 들추어 떠드는 사람은
번민이 날로 증가하게 됩니다.
결코 그는 열반에 이르지 못할 것입니다.

254

팔정도를 실천하지 않으면
올바른 깨달음을 얻을 수 없습니다.
세상 사람들은 욕망을 좋아하지만,
깨달은 이는 그것을 추구하지 않습니다.

255

팔정도를 실천하지 않으면
올바른 깨달음을 얻을 수 없습니다.
또한 오온(인간)•에는 영원한 것이 없으며,
깨달은 이는 마음에 흔들림이 없습니다.

• 오온五蘊 : 인간을 구성하고 있는 다섯 가지 요소. 색色(육체), 수受(정신 작용의 하나인 감수 작용), 상想(상상력), 행行(의지력), 식識(판단력)을 말한다. 오온은 인간, 존재를 가리킨다.

【 住法品/주법품 】

항상 깨어 있는 사람은
세상의 모든 속박에서
자유롭다

19

깨어 있는 지금 그대로 자유

256

일을 빨리 처리한다고 해서
한 단체의 리더가 되는 것은 아닙니다.
옳고 그름을 구별할 줄 아는
지혜로운 사람이라야 리더입니다.

257

타인을 인도할 때에는
바른 진리에 근거해야 합니다.
지혜 있는 사람은
진리를 따르나니,
그런 이가 진정한 리더입니다.

258

말을 유창하게 한다고 해서
그 사람이 지혜로운 것은 아닙니다.
마음이 고요하고
두려움과 원망이 없는 사람,
그가 바로 지혜로운 사람입니다.

259

말을 유창하게 한다고 해서
그가 진리를 소유한 것은 아닙니다.
지식이 많지 않더라도
스스로 깨달음을 얻은 사람,
그가 바로 진리의 소유자입니다.

260

머리카락이 희다고 해서
어른(장로)인 것은 아닙니다.
쓸데없이 나이만 먹었다면
그는 한갓 늙은이에 불과합니다.

261

그러나 진리를 깨닫고
진리에 머물며
남에게 해를 끼치지 않고
자신의 모든 감각을 잘 다스린 이가
바로 진정한 어른(장로)입니다.
그는 모든 더러움에서 벗어나 지혜롭습니다.

262

외모가 빼어나고
말을 잘한다고 해서
훌륭한 사람은 아닙니다.
분노와 교활, 거짓과 탐욕을
버리지 못했다면
그는 결코 훌륭한 사람이 아닙니다.

263

그러나 이런 마음을 제거하고
탐욕과 분노를 버리며
지혜를 갖추어 가는 사람이라면
그는 존경받을 만한 사람입니다.

264

머리를 깎았다고 해서
그가 수행자가 되는 것은 아닙니다.
자신을 절제하지 못하고
거짓과 허상, 욕망에 사로잡혀 있다면,
그는 참된 수행자라 할 수 없습니다.

265

그러나 거짓과 허상을 버리고
분노와 탐욕을 끊었으며
스스로를 잘 절제하는 사람,
우리는 그를 참된 수행자라 합니다.

266

걸식한다고 해서
그가 비구 수행자는 아닙니다.
행실이 바르지 못하다면
그는 참된 비구 수행자가 아닙니다.

267

행실이 바르고 깨끗하며
선악을 모두 떠나
존재에 대해 깊이 성찰하는 사람,
그는 참된 수행자입니다.

268

어리석은 사람이
앉아서 명상을 한다고 해서
결코 성자가 되는 것은 아닙니다.
진정한 성자는 선악을 구별할 줄 아는
현명한 사람입니다.

269

악을 물리치고,
선과 악을 판단할 줄 아는
지혜와 덕망을 갖춘 이,
그를 참된 수행자라고 합니다.

270

살아 있는 생명을 해치는 자는
결코 수행자가 될 수 없습니다.
모든 존재를 사랑할 줄 아는 이라야
비로소 참된 수행자라 할 수 있습니다.

271

계율을 잘 지키고
경율논 삼장을 많이 알며
고요한 곳에 홀로 있거나
삼매를 얻었다고 해서
수행자라고 할 수는 없습니다.

272

진정한 수행자는
출가의 기쁨을 잘 알고
모든 번뇌를 끊어야
비로소 진정한 수행자라 할 수 있습니다.

【 道行品/도행품 】

진리의 길은
결코 빗나가지 않는다
그것은
너를 이끈다

20

길 위에서 존재를 묻다

273

최고의 길은 팔정도이고,
최고의 진리는 사성제이며,
최고의 가르침은 니르바나(열반)입니다.
그리고 최고의 성자는 '붓다'입니다.

274

오직 이 길만이● 진리의 길입니다.
그대들은 이 길을 따라가십시오.
그러면 악마도 어찌할 수 없을 것입니다.

275

이 길을 따르면
모든 고통에서 벗어날 수 있습니다.
욕망의 가시밭길이 걷히고,
지혜의 눈이 열릴 것입니다.

● 273번 시구 중 사성제와 팔정도를 말함.

276

그대들은
여래*의 가르침에 따라
열심히 선정禪定(명상)을 닦으십시오.
그러면 악마의 속박에서 벗어나게 됩니다.

- 여래如來 : 부처의 10가지 이름 가운데 '여실히 오는 자' 또는 '진여에서 오는 자'를 의미한다. '깨달은 자' '눈을 뜬 자'라는 뜻으로, 깨달음을 얻은 사람을 부르는 말이다. 진리의 소유자, 진리의 대명사로 쓰인다.

277

모든 존재는 무상無常합니다.
이 이치를 지혜로 통찰한다면
괴로움에서 벗어날 수 있습니다.
이것이 곧 마음의 청정에 이르는 길입니다.

278

모든 것은 고苦, 괴로움입니다.
지혜로 이 이치를 통찰한다면
고통에서 벗어날 수 있습니다.
이것이 곧 마음의 청정에 이르는 길입니다.

279

모든 존재에는 자아가 없습니다(무아).•
지혜로 이 이치를 통찰한다면
무상의 고뇌에서 벗어날 수 있습니다.
이것이 곧 마음의 청정에 이르는 길입니다.

280

마땅히 힘써
정진해야 함에도 방일하며,
젊음을 헛되이 보내고,
의지가 박약하고 나약한 사람,
그는 결코 진리를 깨닫지 못합니다.

• 무아無我는 석가모니 부처님이 깨달음을 얻은 뒤 최초로 설파한 가르침이다. 석가모니 부처님 이전의 인도사상에서는 고정 불변하여 항상 머물러 있는 유일의 주재자로서 참된 나인 아트만(ātman, 자아)을 주장하였으나, 석가모니 부처님은 아트만(我)이 결코 실체적인 '나'가 아니며, 그러한 '나'는 없다고 주장하였다.

마음에게 말을 걸다 법구경

281

악한 행동을 하지 마세요.
말을 함부로 하지 마세요.
나쁜 마음을 갖지 마세요.
몸과 말과 마음,
이 세 가지•를 주의하면,
진리를 깨닫기 위해 노력하는 사람입니다.

282

지혜는 명상에서 생겨나며,
명상을 하지 않으면
지혜는 점점 사라집니다.
이 두 가지 이치를 잘 이해하고,
마땅히 지혜를 기르는 데 힘써야 합니다.

• 몸과 말과 생각으로 짓는 신업·구업·의업의 삼업三業을 말한다.
업業이란 중생이 짓는 행위로 윤회하는 원동력을 말한다.

283

욕망의 숲을 모두 베어버리십시오.
욕망에서 두려움이 생기나니,
그 뿌리까지 모두 뽑아버리면
괴로움에서 해탈할 수 있을 것입니다.

284

육체적 향락에 빠지면,
이성에 대한 그리움에서 벗어날 수 없습니다.
마치 어린 송아지가 어미 소를 찾듯,
끊임없이 이성을 찾아 헤맵니다.
그것이 곧 고통인 줄도 모른 채 말입니다.

285

늦가을 연꽃을 꺾어버리듯,
그대 마음속의 애욕을 끊어버리십시오.
그리고 니르바나의 세계를 향해 나아가십시오.
이것이 깨달은 이, 붓다의 가르침입니다.

286

"여름에는 여기서 살고,
겨울에는 저기서 살리라."
어리석은 이는 이렇게 생각합니다.
죽음이 서서히 다가오는 줄도
모른 채 말입니다.

287

재산과 자식, 가족을
애지중지하며 살아가는 사람에게
어느 날 갑자기 죽음의 신이 덮쳐옵니다.
마치 홍수가 잠든 마을을
휩쓸고 가듯이 말입니다.

288

죽음은 자식도, 남편도, 아내도
그 누구도 막아줄 수 없습니다.
죽음이 그대의 심장을 두드리는 순간
그대를 구할 이는 아무도 없습니다.

289

그러므로 현명한 이는,
이러한 이치를 깨달아서
오직 한마음으로 부지런히
니르바나를 향해 나아갑니다.

【 廣衍品/광연품 】

세상의 많은 소리는
하나의 진리 앞에
침묵한다

21

지혜로운 말, 공허한 말

290

작은 쾌락을 포기하면
더 큰 행복을 얻을 수 있습니다.
지혜로운 사람은 망설이지 않고
더 큰 행복을 위해
기꺼이 작은 것을 내려놓습니다.

291

자신의 행복을 위해
타인의 행복을 짓밟는다면
결코 원한과 고통
복수의 굴레에서 벗어날 수 없습니다.

292

해야 할 일을 하지 않고
하지 말아야 할 일을 하는 이는
교만과 방종에 빠진 사람입니다.
그는 결국 번뇌의 늪으로 빠져들고 맙니다.

293

그러나 자신을 돌아보고
부지런히 해야 할 일을 하며
하지 말아야 할 일은 하지 않는 사람은
지혜롭고 사려 깊은 사람입니다.
번뇌는 점차 사라지고 평온이 찾아옵니다.

294

붓다의 제자는
극단적인 두 가지 견해*에서 벗어나야 합니다.
하나는 '이 세상은 영원하다'라는 견해이고,
다른 하나는 '이 세상은 끝이다'라는 견해입니다.
이 두 견해는 모두 올바른 견해가 아닙니다.

그리고 눈, 귀, 코, 혀, 육체, 의식(육근)과
빛깔, 소리, 향기, 미감, 촉감, 존재(육경)**에서
일어나는 모든 욕망을 끊어버려야 합니다.

● 극단적인 두 가지 견해 : 모든 존재는 영원하다고 하는 생각(常見)과 없어져 버린다(斷見)고 하는 두 견해. 이 두 견해는 고대 인도사상계의 큰 흐름으로 불교 수행자는 이 두 극단적인 견해에서 벗어나야 한다고 말한다.

●● 육근六根(눈, 귀, 코, 혀, 피부, 생각, 즉 시각, 청각, 후각, 미각, 촉각, 의식)이 육경六境(빛깔, 소리, 향기, 맛, 감각, 의식)을 만나면 갖가지 욕망을 일으킨다.

마음에게 말을 걸다 법구경

295

깨달은 이, 붓다의 제자는
두 가지 극단적인 견해와
다섯 가지 큰 번뇌●에서
벗어나야 합니다.●●

● 다섯 가지 큰 번뇌는 탐욕·분노·게으름·후회·의심을 말하며 오개五蓋라고 한다. 이 부분을 보통 '다섯 번째 호랑이'라고 번역한다.

●● 294, 295게송은 대부분 "어머니와 아버지를 죽이고, 두 왕을 죽이고…" 등으로 번역한다. 어머니와 아버지는 극단적인 두 견해이고, 두 왕은 6근과 6경이다. 여기서는 중국본 파한巴漢 대조 《법구경》 주석과 거해 스님 《법구경》을 참고하여 의역했다.

296

깨달은 이, 붓다의 제자는
언제나 깨어 있습니다.
그들의 마음은 밤낮없이
붓다를 그리워합니다.

297

깨달은 이, 붓다의 제자들은
언제나 깨어 있습니다.
그들의 마음은 밤낮으로
붓다의 가르침[법法]을 탐구합니다.

298

깨달은 이, 붓다의 제자들은
언제나 깨어 있습니다.
그들의 마음은 밤낮없이
승가[승僧]에 마음을 기울입니다.

299

깨달은 이, 붓다의 제자들은
언제나 깨어 있습니다.
그들의 마음은 밤낮없이
존재의 무상함을 깊이 성찰합니다.

300

깨달은 이, 붓다의 제자들은
언제나 깨어 있습니다.
그들의 마음은 밤낮없이
모든 생명에 대해 자비심을 품고 있습니다.

301

깨달은 이, 붓다의 제자들은
항상 깨어 있습니다.
그들은 밤낮으로 명상에 전념합니다.

302

세속의 삶도 쉽지 않지만,
출가 수행자의 삶 또한 어렵습니다.
마음이 맞지 않는 사람과
함께 살아가는 것은 더욱 힘들고,
정처 없는 유행자의 삶도 고난이 따릅니다.
최선의 삶은 바로
모든 고통과 속박에서 해탈하는 것입니다.

303

신념과 덕행을 갖춘 사람,
현명하고 지혜로운 사람,
그는 언제, 어디서나 존경을 받습니다.

304

착한 사람은
히말라야의 봉우리처럼
멀리서도 환하게 빛납니다.
그러나 사악한 사람은
가까이 있어도 존재감이 없습니다.

305

홀로 앉고, 홀로 눕고,
홀로 다니며,
홀로 숲속에서
명상을 즐기는 사람,
그는 속박에서 벗어난 사람입니다.

【 地獄品/지옥품 】

지옥은 먼 곳에 있지 않다
집착하는 곳에 있다

22

탐욕은 지옥의 문

306

남을 비방하는 사람,
거짓을 말하는 사람은
지옥에 이르게 됩니다.
악행을 저지르고도 발뺌하는 사람,
그 역시 지옥에 이르게 됩니다.
그들은 지옥에서도
똑같은 행위를 되풀이합니다.

307

수행자의 옷을
입고 있으면서도
성품이 악하고
말과 행동을 자제하지 못하는 사람,
그는 어두운 지옥에 떨어집니다.

308

방일과 파계를 일삼고
몸, 입, 생각을 자제할 줄 모르는 자,
그는 신자들의
공양을 받을 수 없습니다.

309

남의 남편, 남의 아내와 만나면
네 가지 고통을 겪게 됩니다.
불행, 비난, 흉측한 꿈을 꾸게 되며
죽은 뒤에는 지옥에 떨어집니다.

310

남의 아내 또는 남의 남편을 탐하지 마세요.
쾌락은 순간일 뿐
그 후엔 공포에 사로잡히게 되며
끝내 중벌을 받게 됩니다.
그리고 사후에는 악도에 떨어집니다.

311

억새풀을 꼭 쥐면
손을 다치듯이
나쁜 행위를 일삼고
그릇된 삶을 산다면
그로 인해 그는 악도에 떨어집니다.

312

생활이 바르지 않고
방탕과 타락을 일삼으며
소신과 사명감이 없는 자는
좋은 결실을 얻을 수 없습니다.

313

무엇인가 해야 할 일이 있다면
그 일에 최선을 다하십시오.
나태하고 게으른 자는
날마다 업을 쌓고 있는 것입니다.

314

악행은 하지 말고,
부지런히 선행을 하십시오.
악행에는 고통이 따르지만,
선행에는 기쁨이 따른답니다.

315

수행자는 방심하지 말고
자기 자신을 잘 지켜야 합니다.
한순간도 헛되이 보내지 마세요.
이 순간을 놓치게 되면
결국 악도惡道에 떨어지게 됩니다.

316

수치로 여길 일이 아닌데도
오히려 수치로 여기고
정작 수치스러운 일인데도
오히려 수치로 여기지 않는 사람,
그는 생각이 전도된 사람입니다.
그는 그 생각으로 인해
나쁜 곳으로 가게 될 것입니다.

317

두려워할 일이 아닌데도
오히려 두려워하고
정작 두려워해야 할 일인데도
오히려 두려워하지 않는 사람,
그는 생각이 잘못된 사람입니다.
그는 잘못된 생각으로 인해
나쁜 곳으로 가게 될 것입니다.

318

옳은 것을 그르다고 여기고,
그른 것을 옳다고 착각하는 사람,
그는 생각이 전도된 사람입니다.
그는 그 잘못된 생각으로 인해
나쁜 곳으로 이르게 될 것입니다.

319

그러나 잘못된 것을
잘못된 것으로 알고
옳은 것을 옳다고 아는 사람은
올바른 견해를 가진 사람입니다.
그는 올바른 판단으로 인해
좋은 곳으로 이르게 될 것입니다.

【 象喩品/상유품 】

흔들리는 세상 속에서도
고요히 걷는 자가
진정한 강자이다

23

코끼리처럼, 묵묵히 나아가라

320

전쟁터에서 굳세게
앞을 향해 나아가는 코끼리처럼,
나 역시 어리석은 자들이 말하는
갖가지 욕설과 비난을 참고 견디리라.

321

전쟁터에서 화살을 맞고도
참고 견디는 코끼리처럼,
욕설과 비난을 참고 견디는 사람은
인간 중에서 최고의 성자입니다.

322

노새도 훈련하면
뛰어난 준마駿馬가 되듯이,
자기 자신을 잘 다스리는 사람은
인간 중에서도 최고의 성자가 됩니다.

323

저 니르바나의 세계에는
말이나 코끼리로는 갈 수 없습니다.
오직 명상을 하고
자기 자신을 잘 다스리는 사람만이
저 니르바나의 세계에 이를 수 있습니다.

324

다나빨라 코끼리 새끼가
오직 어미 코끼리만을 그리워하듯,
진정한 수행자는
오직 명상을 그리워합니다.

325

게으르고 식탐이 많으며,
잠만 자고 나태하게 사는 자는
돼지를 닮은 사람입니다.
그는 윤회의 굴레에서 벗어날 수 없습니다.

326

과거에는 정처 없이 떠돌며
욕망이 이끄는 대로 살았습니다.
그러나 이제부터는
지혜롭게 이 마음을 다스릴 것입니다.
마치 조련사가 코끼리를 길들이듯이.

327

방일하지 말고
자신을 잘 다스리십시오.
마치 늪에 빠진 코끼리가
자신의 힘으로 스스로를 끌어내듯이,
어둠 속에서 자신을 끌어내십시오.

328

지혜롭고 총명하며
부지런하고 성실한 친구를 만났다면
그와 함께 살아가십시오.
그러면 생사의 위험에서 벗어나
안락한 삶을 살 수가 있을 것입니다.

329

그러나 지혜롭고 총명하며
부지런하고 성실한 친구를 만날 수 없다면
차라리 홀로 살아가십시오.
마땅가 코끼리가
홀로 걸어가는 것처럼 말입니다.

330

홀로 살아가십시오.
어리석은 사람과 벗하지 마십시오.
나쁜 행동을 삼가고,
애착과 집착에서 벗어나십시오.
마치 홀로 숲속을 걷는
마땅가 코끼리처럼.

331
마음이 통하는 친구가
있다는 것은 행복입니다.
그러나 더 큰 행복은
그 행복을 함께 나누는 것입니다.
선행을 쌓으면
죽음이 찾아와도 두렵지 않습니다.

332

어머니를 존경하는 것,
아버지를 존경하는 것은
행복한 일입니다.
수행자를 존경하는 것,
붓다를 존경하고 받드는 것은
더욱 행복한 일입니다.

333

젊은 날은 물론
노년에 이르도록 덕을 쌓고,
절도 있게 자신을 지키면서
살아간다는 것은 행복한 삶입니다.
지혜를 이루는 것도 행복이며,
악행을 하지 않음은 더욱 행복한 삶입니다.

【 愛欲品/애욕품 】

애욕은 고통의 씨앗
그 끝은 언제나
슬픔이다

24

애욕은 달콤한 독

334

방탕하고 무절제한 사람에게
욕망은 덩굴처럼 무성하게 자라납니다.
그는 이 나무에서 저 나무로
뛰어다니는 원숭이처럼
끝없이 이승에서 저승으로 윤회합니다.

335

애욕이 지나치면
슬픔이 싹트기 시작합니다.
마치 비 온 뒤에
무성하게 자라는
저 비라나 풀•처럼.

336

그러나 애욕을 통제하면
슬픔의 싹은 자라날 수 없습니다.
마치 연잎에서 물방울이
굴러 떨어지듯이.

• 갠지스 강 유역에서 자생하는 풀로, 우씨라의 뿌리는 인도에서는 예로부터 열병 치료약으로 사용됨.

337

진실로 말하노니,
잡초를 뽑아 버리듯
애욕을 뿌리째 뽑아 버리세요.
거센 물살이 갈대를 쓸어버리듯
다시는 그 누구도
그대를 파괴하지 못하도록 하십시오.

338

가지를 잘라도
뿌리가 남아 있다면
나무는 다시 자라나듯이
애욕의 뿌리를 뽑아 버리지 않으면
그로 인한 고통도
끝없이 되풀이될 것입니다.

339

이 육체에는 서른여섯 개의
애욕의 물줄기・가
거세게 흐르고 있습니다.
그 물결은 향락의 올가미에
걸린 이들을 휩쓸고 갑니다.

340

애욕의 덩굴은
우리의 이 육체를 통해서
사방으로 뻗어 나갑니다.
지혜의 칼로 그 덩굴을 끊어버리십시오.
그것이 니르바나에 이르는 첩경입니다.

• 서른여섯 개의 물줄기는 36가지 번뇌를 말한다. 즉 6근六根이 6경六境을 만나면 12가지 번뇌가 생기고, 이 12가지에는 다시 호好(좋아함)・오惡(싫어함)・평平(좋아하지도 싫어하지도 않음)의 3가지 번뇌가 각각 생긴다. 이것을 모두 합하면 36가지(12×3=36)가 된다. 108번뇌는 이 36가지 번뇌에 다시 과거・현재・미래의 삼세三世를 각각 적용하면 총 108가지(36×3=108)의 번뇌가 된다.

341

육체적 환락에 빠지면
끝없이 그 환락을 쫓아 다닙니다.
결국 그는 삶과 늙음의 고통에
칡넝쿨처럼 묶여 버리고 맙니다.

342

덫에 걸린 토끼처럼,
쾌락에 사로잡힌 사람은
애욕을 찾아 사방으로 다닙니다.
결국 그는 쾌락의 그물에 걸려
끝없는 고통을 겪게 될 것입니다.

343

애욕에 사로잡힌 사람들은
마치 함정에 빠진 토끼처럼
애욕을 찾아 이리저리 다닙니다.
그러나 수행자는 그 속박에서 벗어납니다.

344

욕망의 숲을 떠나
수행의 숲으로 갔습니다.
그러나 욕망의 올가미에 걸려
다시 그곳으로 되돌아갔습니다.
감옥에서 나왔다가
다시 감옥으로 들어가듯이 말입니다.

345

수갑이나 밧줄보다
더 강한 속박이 있습니다.
그것은 바로 애착, 탐욕, 물욕•이라는
밧줄입니다.
현명한 사람은
이 밧줄을 단칼로 잘라버립니다.

• 애착, 탐욕, 물욕은 한역본에는 보석과 아내, 자식 등으로 표현하고 있다. 구체적이지 않아 여기서는 애착, 탐욕, 물욕으로 바꾸었다.

346

애욕에 노예가 된 사람은
그 굴레에서 벗어나지 못합니다.
그러나 현명한 사람은
애욕의 속박을 끊고
니르바나로 나아갑니다.

347

탐욕에 사로잡힌 사람은
탐욕의 물결에 자신을 맡깁니다.
그러나 현명한 사람은
탐욕의 올가미를 끊어버리고,
열심히 니르바나를 향해 나아갑니다.

348

과거에도, 미래에도,
현재에도 집착하지 마십시오.
모든 속박에서 해탈할 때,
비로소 삶과 죽음의 굴레에서 벗어나
영원한 니르바나의 세계에
이를 수 있습니다.

349

마음이 어지럽고,
욕망과 탐욕에 깊이 빠진 사람은
끝없이 아름다움을 쫓다가
점점 더 속박의 올가미에
묶이게 됩니다.

350

마음이 고요해지고,
육체를 부정한 것으로
관찰하는 사람은
속박의 그물에서 벗어나게 됩니다.

351

니르바나에 가까워지고,
죽음에 대한 두려움과
번뇌와 욕망에서 벗어난 사람,
그는 윤회에서 해탈한 존재입니다.

352

욕망과 집착에서 해방되고,
모든 경전을 통달하여
모르는 것이 없는 이,
그는 이번 생을 마지막으로
윤회의 굴레에서 완전히 벗어납니다.

353

나는 모든 것을 알았고,
모든 것을 정복했습니다.
욕망과 번뇌와 속박,
어리석음에서 벗어났습니다.
깨달음을 완성했으니,
이제 나의 스승은 누구입니까?

354

진리는 최고의 선물이며,
진리는 최고의 맛이며,
진리는 최고의 즐거움입니다.
최고의 승리는 욕망의 소멸입니다.

355

욕심은 어리석은 사람을 망치고,
다른 사람까지 힘들게 합니다.
하지만 욕심은
평온을 향해 가는 사람을
흔들 수 없습니다.

356

잡초는 밭을 망쳐 버리고
탐욕은 나 자신을 망쳐 버립니다.
탐욕을 버린 이를 존중하면
큰 행복이 찾아오게 될 것입니다.

357

잡초는 밭을 망쳐 버리고
분노, 증오는 나 자신을 망쳐 버립니다.
분노, 증오를 버린 이를 존경하면
큰 행복이 찾아오게 될 것입니다.

358

잡초는 밭을 망쳐 버리고
어리석음은 나를 망쳐 버립니다.
어리석음을 버린 이를 존경하면
큰 행복이 찾아오게 될 것입니다.

359

잡초는 밭을 망쳐 버리고
욕망은 나 자신을 망쳐 버립니다.
욕망을 버린 이를 존경하면
큰 행복이 찾아오게 될 것입니다.

【 比丘品/비구품 】

참된 수행은
마음의 어두운 구석을
밝혀내는 일이다

25

수행의 끝, 열반의 문

360

보고 듣고
맛보는 것을
절제하면
마음이 평온해집니다.

361

몸과 말과 생각을
스스로 다스리면
모든 것이 평화로워집니다.

362

행동과 말을 조심하고
혼자 고요히 욕심 없이 살아가는 사람,
그가 참된 수행자입니다.

363

잘난 척하지 말고
함부로 말하지 마세요.
깊이 생각한 후에 말하세요.
진리를 밝혀주는 이,
그의 말에는 연꽃 향기가 납니다.

364

진리를 즐기고,
진리를 기뻐하며,
진리를 사랑하고,
진리를 생각하는 사람,
그는 진리와 함께 살아가는 사람입니다.

365

비록 작은 것을 받더라도
그것을 가볍게 여기지 마십시오.
남이 더 좋은 것을 받더라도
부러워하는 마음을 갖지 마십시오.
그런 마음을 갖게 되면
깊은 명상의 경지에 들어갈 수 없습니다.

366

비록 작은 물건이라도
그것을 가볍게 여기지 마십시오.
수행자는 검소해야 합니다.
깨끗한 마음으로 살아가는 수행자는
천신들도 찬탄합니다.

367

이 육체와 정신은
'나', '나의 것'이 아닙니다.
'나의 것이 아니라'고 하여 슬퍼한다면
그는 진정한 수행자가 아닙니다.

368

자비롭고 너그러우며,
깨달은 이, 붓다와
그 가르침을 믿고
그대로 살아가려고
노력하는 사람은
저 평온한 니르바나에 이르게 됩니다.

369

수행자여,
배 안의 물을 퍼내십시오.
배가 가벼우면 빨리 달릴 수 있습니다.
수행자여,
탐욕과 증오, 어리석음을 버리십시오.
그러면 그대는 빨리
니르바나에 이를 수 있습니다.

370

다섯 가지를 끊고,
다섯 가지를 버리고,
다섯 가지를 닦고,
다섯 가지 집착을 놓으세요.●
그 사람이 괴로움의 물결을 건넌
참된 해탈의 사람입니다.

● 끊어야 할 다섯 가지: 감각적 욕망, 악의, 해태(게으름), 들뜸과 후회, 의심.
버려야 할 다섯 가지: 다섯 하근결(하위의 속박)→탐욕, 분노, 신체에 대한 집착, 의심, 계율·의식에 대한 집착.
닦아야 할 다섯 가지: 오력五力→신심, 정진, 염(마음챙김), 정(집중), 혜(지혜).
놓아야 할 다섯 가지 집착: 오취온五取蘊(자아에 대한 집착을 구성하는 다섯 요소)→색·수·상·행·식.

371

명상에 힘쓰고
게으름 부리지 마십시오.
감각적 욕망에 마음을 빼앗기지 마십시오.
이것을 깊이 명심하지 않으면
반드시 뜨거운 고통을 받게 됩니다.

372

지혜가 없으면 선정이 없고,
선정을 수행하지 않으면
지혜를 얻을 수 없습니다.
선정과 지혜를 함께 갖추었을 때[定慧雙修]
비로소 니르바나에 이를 수 있습니다.

373

고요한 곳에 머물며
마음을 가라앉히고
진리를 바로 보는 이는
초인적인 기쁨을 얻습니다.

374

깊은 명상을 통해
오온이 모이고 흩어지는 이치를 깨닫고
존재의 본질을 통찰한다면
그는 마침내 죽음이 없는 경지에
이를 것입니다.

375

지혜로운 사람은
오감●을 잘 다스리고
작은 것에도 만족할 줄 압니다.
깨끗한 삶을 지키며 꾸준히 노력하면
마침내 자유로운 마음에 이르게 됩니다.

376

바르게 행동하고,
타인을 따뜻하게 대하십시오.
그리고 몸과 마음을 깨끗이 하십시오.
그러면 괴로움은 사라지고,
기쁨이 찾아올 것입니다.

● 오감五感은 시각·청각·후각·미각·촉각의 다섯 가지 감각을 말한다.

377

수행자들이여,
시든 꽃잎을 떨어뜨리는 자스민처럼
미련 없이 탐욕과 증오,
그리고 어리석음을 떨쳐버리십시오.

378

말과 행동을 차분히 하고
마음을 고요히 하십시오.
세속적 쾌락과 탐욕을 버린 사람,
그는 니르바나의 경지에 이른 사람입니다.

379

자기 자신을 경책하고,
스스로를 반성하십시오.
마음을 삼매에 머물게 하면
마음의 평온을 얻을 수 있습니다.

380

스스로 자신을 보호하고,
자신을 믿고 의지하십시오.
마치 마부가 말을 잘 조련하듯,
자신을 잘 다스려야 합니다.

381

기쁜 마음으로
붓다의 가르침을 실천하는 수행자는
모든 속박에서 벗어나
평온한 세계인 니르바나에 이릅니다.

382

비록 어린 비구일지라도
부지런히 붓다의 가르침을
따르고 실천한다면,
그는 이 세상을 밝히는 사람입니다.
마치 구름을 벗어난 달처럼.

【 婆羅門品/바라문품 】

출신이 아니라
행위가
고귀함을 만든다

26

고귀함은 마음에서 온다

383

감각의 즐거움과
욕망을 내려놓으세요.
이 몸도 언젠가는
사라진다는 걸 알게 되면
마음은 니르바나의 평화에 이르게 됩니다.

384

번뇌를 끊고
삶을 깊이 들여다보면
모든 집착에서 벗어나
니르바나의 평화에 이르게 됩니다.

385

니르바나에도 머물지 않고
미혹에도 흔들리지 않는 사람,
어떤 것에도 묶이지 않고
두려움마저 없는 사람,
나는 그를 진정한 성자라 부릅니다.

386

명상에 들어 더러움 없고
마음이 평온하며
할 일을 마친 사람,
나는 그를 참된 수행자라 부릅니다.

387

낮엔 해가, 밤엔 달이 빛나고,
왕은 왕관을 쓸 때 빛나며,
수행자는 선정에 들 때 빛납니다.
하지만 붓다는 밤낮없이 늘 빛납니다.

388

악을 떠났기에 성자라 부르고,
행동이 맑기에 수행자라 부릅니다.
마음의 번뇌와 때를 씻어냈기에
나는 그를 진정한 출가자라 부릅니다.

389

수행자를 욕하지 마십시오.
욕을 듣더라도 화내지 마십시오.
욕하는 것도 부끄러운 일이지만,
더 부끄러운 것은 그에 화내는 것입니다.

390

수행자여,
스스로 마음을 억제하고,
항상 좋지 않은 마음을 제거하십시오.
그렇게 하면 고통도 모두 사라질 것입니다.

391

몸과 말과 생각으로
악을 행하지 마십시오.
이 세 가지를 잘 다스리는 사람,
그는 진정한 수행자입니다.

392

그 누구든
붓다의 바른 가르침을 전한다면,
그를 예배하고 공경해야 합니다.
마치 브라만*이 불에 예배하듯이.

● 이 장은 가장 높은 성직자 계급이 브라만이라고 한다면 그에 맞게 훌륭해야 한다는 의미이다. 브라만은 현자와 성직자, 지식인에 해당되는 계급으로 한역 경전에서는 바라문婆羅門이라고 표현한다. 이 장에서 브라만은 브라만 외에도 수행자, 성직자, 현자 등 서너 가지 의미를 가지고 있다.

393

헝클어진 머리나 혈통,
혹은 출신에 의해
브라만이 되는 것은 아닙니다.
오직 진리를 아는 사람,
그를 우리는 진정한 브라만이라고 부릅니다.

394

어리석은 이여,
헝클어진 머리와 털가죽 옷을 걸쳤지만,
겉모습만 성자일 뿐
마음속엔 욕망이 불타고 있습니다.
그대는 겉만 깨끗한 척할 뿐입니다.

395

비록 낡고 해진 가사를 걸치고,
몸이 야위어 뼈만 남았을지라도,
홀로 숲에서 선정에 드는 이,
나는 그를 진정한 수행자,
브라만이라 부릅니다.

396

태생에 의해
브라만이 되는 것은 아닙니다.
물욕을 끊지 못했다면,
그는 브라만이라고 할 수 없습니다.
욕망과 집착을 버린 사람,
그를 진정한 브라만이라 부릅니다.

397

모든 공포와 두려움,
탐욕과 집착,
속박에서 벗어났고,
번뇌를 끊은 사람,
그를 성자라 부릅니다.

398

쇠사슬을 끊고,
밧줄과 고삐를 풀어버린 사람,
모든 것을 내려놓은 깨달은 이,
나는 그를 진정한 성자라 부릅니다.

399

욕설과 비난,
모욕과 학대,
그리고 모든 고통을 인내하는 사람,
나는 그를 진정한 성자라 부릅니다.

400

분노가 없고,
덕행을 갖추었으며,
계율을 지키고 탐욕을 버린 이,
생과 죽음의 굴레에서 벗어난 그를
나는 진정한 성자라 부릅니다.

401

연꽃 위의 물방울처럼,
송곳 끝의 겨자씨처럼,
욕망을 털어낸 사람,
나는 그를 성자라 부릅니다.

402

이 생에서 번민을 끝내고,
무거운 짐을 벗어버린 사람,
모든 것을 버린 사람,
나는 그를 진정한 성자라 부릅니다.

403

지혜가 깊고
옳은 길과 그른 길을
잘 구별하며
사리 분별할 줄 아는 사람,
최고의 경지에 도달한 사람,
그를 진정한 성자라 부릅니다.

404

세속도 수행도 내려놓고
욕심 없이 홀로 사는 사람,
나는 그를 진정한 성자라 부릅니다.

405

강한 것이든
약한 것이든
생명 있는 것은 해치지 않는 사람,
죽이지도 않지만
죽이게 하지도 않는 사람,
나는 그를 진정한 성자라 부릅니다.

406

적대자를 자비로 대하고
폭력자를 용서로 대하며
집착 속에서 집착하지 않는 이,
나는 그를 진정한 성자라 부릅니다.

407

겨자씨가 바늘 끝에서 떨어져 나가듯
탐욕과 증오, 거짓과 교만을
모두 떨쳐낸 사람,
나는 그를 진정한 성자라 부릅니다.

408

악한 말을 하지 않고
좋은 말, 진실한 말을 하며
타인의 마음을 상하게 하지 않는 사람,
나는 그를 진정한 성자라 부릅니다.

409

좋은 것이든 나쁜 것이든
긴 것이든 짧은 것이든
주지 않는 것을 갖지 않는 사람,
나는 그를 진정한 성자라 부릅니다.

410

이 세상에서도
저 세상에서도
바라는 것이 없으며
모든 욕망에서 벗어난 사람,
나는 그를 진정한 성자라 부릅니다.

411

그는 욕망이 없으며
사성제의 진리를 깨달았고
니르바나를 이루어
삶과 죽음의 굴레를 초월했습니다.
나는 그를 진정한 성자라 부릅니다.

412

선과 악을 모두 초월하고
근심과 걱정이 조금도 없으며
마음이 이슬처럼 깨끗한 사람,
나는 그를 진정한 성자라 부릅니다.

413

달처럼 맑고
깨끗하며 고요하고
욕망을 모두 버린 사람,
나는 그를 진정한 성자라 부릅니다.

414

번뇌의 강과
탐욕의 파도를 넘어
집착도, 욕심도 모두 버리고
어리석음에서 떠나
니르바나에 도달한 사람,
나는 그를 진정한 성자라 부릅니다.

415

감각적 쾌락을 버리고
집을 떠나 홀로 명상하며
욕망을 모두 제거해 버린 수행자,
나는 그를 진정한 성자라 부릅니다.

416

세상의 모든 욕망을 버리고
집을 떠나 홀로 명상하며
욕망의 뿌리를
완전히 끊어 버린 사람,
나는 그를 진정한 성자라 부릅니다.

417

인간 세상의 속박도
천상 세계의 속박도
일체 모든 속박에서 떠난 사람,
나는 그를 진정한 브라만이라 부릅니다.

418

좋고 싫음도 버렸으며
마음이 깨끗하여 번뇌가 없으며
이 세상 모든 것을 정복한 사람,
나는 그를 진정한 브라만이라 부릅니다.

419

일체를 두루 알며
삶과 죽음을 통찰하고
그 무엇도 집착하지 않으며
번뇌를 끊고 깨달은 이,
나는 그를 진정한 브라만이라 합니다.

420

하늘의 신들도 건달바˙도
그리고 인간도
그의 자취는 알 수 없습니다.
번뇌의 불을 꺼버린 이,˙˙
나는 그를 진정한 브라만이라 부릅니다.

- ˙ 건달바乾闥婆는 팔부중八部衆의 하나로 제석천의 음악을 맡아보는 신이다. 술과 고기를 먹지 않고 향기만 먹으며 공중으로 날아다닌다고 한다.
- ˙˙ 아라한阿羅漢 : 초기 불교의 최고의 성자를 가리키는 뜻으로 번뇌를 완전히 끊어 더 닦을 것이 없으므로 마땅히 공양받고 존경받아야 할 성자라는 뜻이다. 이 경지를 아라한과阿羅漢果, 이 경지에 도달하기 위해 수행하는 단계를 아라한향阿羅漢向이라고 한다.

421

과거도 미래도
현재에도 집착하지 않는 이,
물욕도, 가진 것도 하나도 없는 이,
시간과 공간을 초월한 그를,
나는 진정한 브라만이라 부릅니다.

422

위대한 스승이며
욕망의 정복자,
번뇌에서 벗어나
청정한 진리를 깨달은 이,
나는 그를 진정한 브라만이라 부릅니다.

423

전생을 알고 있으며
천상과 지옥을 훤히 꿰뚫어 봅니다.
윤회에서 벗어났으며
모든 지혜를 완성한 분,
그를 나는 진정한 성자라 부릅니다.

옮기고 엮으며

법구경의 미학

《법구경》은 붓다의 지혜가 가득한 명언집이다. 톨스토이의 《인생독본》처럼 삶의 지침이 되는 말씀과 가르침, 그리고 깊은 통찰이 담겨 있다. 인생을 아름답게 가꾸고 훌륭한 인격과 지혜를 갖추고 싶다면, 이보다 더 좋은 책은 없을 것이다. 과장하자면, "이 한 권이면 끝이다"라고 말해도 좋다.

《법구경》을 오늘의 감성으로, 당신의 하루와 삶에 맞게 다시 번역하고, 다듬고, 어쩌면 '시처럼' 정리한 작은 마음의 기록이다. 《법구경》은 붓다의 말씀 가운데 삶의 근본을 꿰뚫는 한 줄 문장들로 가득한 책이다. 그 한 구절 한 구절을 따라가다 보면 마치 내 마음을 들여다보는 거울을 마주하는 것 같다.

《법구경》은 붓다의 가르침을 간결한 시 형식으로 엮은 경전이다. 그 속에는 붓다의 핵심 가르침이 담겨 있다. 윤리, 도덕, 절제, 노력, 정진, 탐욕, 욕망, 증오, 분노, 어리석음, 무지, 번뇌, 선악, 지혜, 선정, 명상, 수행, 고통, 해탈, 마음, 윤회, 그리고 니르바나(열반) 등 불교의 중요한 주제들을 모두 아우르고 있다.

붓다는 《법구경》에서 번뇌가 소멸된 세계, 마음이 평온한 '니르바나'의 세계가 존재한다고 말씀하셨다. 이는 곧 깨달음의 세계를 의미하며, 불교의 핵심 교리 속에 압축되어 있다. 고집멸도 사성제四聖諦, 팔정도八正道, 무상無常·고苦·무아無我의 삼법인三法印, 해탈, 중도, 니르바나 등 붓다가 사색을 거듭하며 탐구한 이 가르침들은 우리의 삶과 인생에 대해 깊고도 근본적인 통찰을 제공한다.

《법구경》은 빨리어로 《담마빠다Dhammapada》라고 한다. 여기서 '담마'는 진리, 법, 또는 가르침을 뜻하며, '빠다'는 말 또는 길을 의미한다. 즉, 《담마빠다》는 '진리의 말씀' 또는 '진리의 길'이라는 뜻이다. 한자로는 이를 '법구法句'라고 번역하며, 《법구경法句經》은 붓다의 가르침과 진리, 교법, 이치를 담고 있는 경전이다.

《법구경》은 불교 경전의 에센스다. 이 번역은 새로운 번역이 아니다. 기존의 여러 번역을 참고하여, 독자들이 더 쉽게 읽고 이해할 수 있도록 엮은 것이다. 가능한 원뜻을 훼손하지 않으면서 문장을 다듬었고, 독자들이 즐겁게 읽을 수 있도록 리듬과 문맥, 운율에 초점을 맞추었다. 경어체로 옮긴 것은 서로를 존중하면서도 좀 더 마음 깊게 다가가고 싶어서다. 좋은 말씀은 향기가 되어야 하며, 가슴 깊이 와닿아야 한다.

법정 스님 역, 거해 스님 역, 석지현 역 《법구경》과 빨리역인 일아 스님, 김서리 선생, 이중표 선생 역주 《담마빠다》 등 훌륭한 번역들을 참고했다. 또 중국에서 번역된 叶均(葉均, 1916~1985)의 《파한대조巴漢對照 법구경》 등을 참고했다.

빨리어본 《담마빠다》는 26품(장)과 423송(시구)으로 이루어져 있으며, 5부 니까야 중 《쿳다까 니까야》에 수록되어 있다. 《법구경》은 붓다의 말씀 중 가장 원음에 가까운 경전으로, 그 가르침은 매우 실천적이며, 깊은 교훈을 담고 있다. 주요 가르침은 다음과 같다.

'악행을 피하고 선행을 실천하라' '집착과 번뇌에서 벗어나라' '욕망과 애욕을 끊어라' '속박에서 벗어나 해탈을 이루어라' '탐욕, 증오, 분노를 버려라' '방종과 게으름을 피하라' '항상 노력하라' '시간을 낭비하지 말라' '마음을 다스려라' '명상과 선정 수행을 하라' '어리석음을 버리고 지혜를 기르라' '참된 가르침을 따르되 삿된 가르침을 따르지 말라' '진리를 깨달아라' '니르바나(열반)를 성취하라' 등이다.

우리는 미래에 대한 두려움과 불안, 그리고 언젠가 다가올 죽음이라는 불변의 진리와 마주하며 사색과 고뇌 속에서 살아간다. 그러나 여기, 붓다의 지혜가 담긴 《법구경》이 있다. 이 경전 속에는 '불사不死의 길' '영원의 길'이 펼쳐져 있다.

《법구경》을 눈앞에 둔다면, 우리는 두려움과 불안에서 벗어나 마음의 평온을 찾을 수 있을 것이다. 그 모든 것을 이룰 수 있을 것이다. 그 길 위에서, 우리는 충분히 그 모든 것을 이룰 수 있을 것이다.

2025년 여름을 맞으며
윤창화 합장

옮기고 엮은 사람
윤창화

강원 평창 진부 출신으로 13년간 출가생활을 했다. 초등학교 졸업 후 '한 2년 절에 가서 한문이라도 배우는 것이 어떻겠느냐'는 어머니의 권유에 월정사로 출가·입산했다. 탄허 큰스님의 수제자인 만화 스님의 상좌가 되었고, 수계 후 8년 동안 탄허 큰스님 시봉을 하면서 본격적으로 불교의 세계, 학문의 세계와 만나게 되었다. 1972년 해인사 강원을 졸업(13회)했다. 1999년 민족문화추진회 국역연수원(한국고전번역원)을 졸업했다. 1980년 불교전문 출판사 민족사를 설립해 45년째 불교 책을 내고 있다. 속명(윤재승)을 쓰면 무언가 정체성이 공허함을 느껴 주로 수계명인 '창화'라는 이름을 쓰고 있다.

논문으로 「해방 후 역경(譯經)의 성격과 의의」 「한암(漢岩)의 자전적 구도기, 일생패궐」 「한암선사의 서간문 고찰」 「무자화두 십종병에 대한 고찰」(『한암사상』 3집, 2009) 「경허의 지음자 한암」(『한암사상』 4집, 2011) 「성철스님의 오매일여론 비판」(『불교평론』 36집, 2008) 「경허의 주색과 삼수갑산」(『불교평론』 52집, 2012) 등이 있고, 저서로는 『왕초보, 선(禪) 박사되다』 『근현대 한국불교 명저 58선』 『당송시대 선종 사원의 생활과 철학』 『선불교』 『불교사자성어』 『불교지식꽁트』 등이 있다.

법구경

마음에게 말을 걸다

ⓒ윤창화

초판 1쇄 인쇄 2025년 8월 20일
초판 1쇄 발행 2025년 8월 30일

옮긴이 윤창화 • 펴낸이 윤재승 • 주간 사기순
기획홍보팀 윤효진 • 영업관리팀 김세정, 백지영
디자인 동경작업실

펴낸곳 민족사 | 서울 종로구 삼봉로 81 두산위브파빌리온 1131호
  출판등록 1980년 5월 9일 제1-149호
  전화 02)732-2403, 2404 팩스 02)739-7565
  홈페이지 www.minjoksa.org | 페이스북 @minjoksa
  이메일 minjoksabook@naver.com

ISBN 979-11-6869-076-9 (03220)

책값은 뒤표지에 있습니다. 잘못된 책은 바꿔 드립니다.
저작권법에 의하여 보호를 받는 저작물이므로 무단으로 복사,
전재하거나 변형하여 사용할 수 없습니다.

민족사 부처님 말씀을 담아 세상으로 나아갑니다.